Prevenir é o Melhor Remédio

Don Schmierer

COMO PROTEGER NOSSOS FILHOS CONTRA A AMEAÇA DO HOMOSSEXUALISMO

Prevenir é o Melhor Remédio

Tradução: Lucília Marques Pereira da Silva

CPAD

Título do original em inglês: *An Ounce of Prevention*
Copyright do autor
Primeira edição em inglês: 1998

Tradução: Lucília Marques Pereira da Silva
Preparação dos originais: Kleber Cruz
Revisão: Alexandre Coelho
Adaptação de Capa: Rafael Paixão
Adaptação do Projeto Gráfico e Editoração: Rodrigo Sobral Fernandes

CDD:176 - Homossexualismo
ISBN: 85-263-0486-0

As citações bíblicas foram extraídas da versão Almeida Revista e Corrigida, edição de 1995, da Sociedade Bíblica do Brasil, salvo indicação em contrário.

Para maiores informações sobre livros, revistas, periódicos e os últimos lançamentos da CPAD, visite nosso site: http://www.cpad.com.br

Casa Publicadora das Assembléias de Deus
Caixa Postal 331
20001-970, Rio de Janeiro, RJ, Brasil

1ª edição/2002

Este livro é dedicado a minha esposa, Diana; a meus pais, que nos ensinaram a verdade e os valores bíblicos; a nossos filhos, que são muito incentivadores e fizeram um belo trabalho na educação de seus pais; e aos colegas do grupo "His Servants", que acreditaram em nós o bastante para investir suas vidas, suas orações e seus recursos em nosso ministério. Dou graças a Deus por todos vocês.

Sumário

Introdução

"Aonde é que esse mundo vai parar?". Seja em casa, na igreja, ou nos restaurantes, sempre que as pessoas se reúnem para conversar — sejam elas religiosas ou não — essa pergunta vem à tona. A mídia traz, todos os dias, histórias horríveis sobre guerras de quadrilhas, "pegas" de automóveis, tiroteios e escândalos envolvendo líderes respeitados. A lista é interminável, e esta sobrecarga de más notícias tem feito com que muitos de nós nos tornemos insensíveis ao que acontece à nossa volta.

Minhas pesquisas confirmam que, trinta anos atrás, discussões acerca de como proceder diante dos males da sociedade eram orientadas no sentido da prevenção. O que aconteceu? Se o mundo ocidental continuasse nesse caminho, será que estaríamos passando pela crise moral que nos assola hoje?

Precisamos tratar os problemas fundamentais e, dentre estes, os mais tristes manifestam-se numa série de comportamentos compulsivos, que muitas vezes incluem demonstrações de violência e revolta. O nosso mundo ocidental é, basicamente, uma sociedade ferida e corroída pelo ódio, que caminha a passos largos para a destruição — uma triste realidade que facilmente se pode comprovar, assistindo ao noticiário da TV à noite. Em um mundo marcado por tanto sofrimento, não podemos simplesmente nos esconder debaixo da areia e esperar que o problema desapareça. De fato, nossa recusa em nos envolvermos nessas questões só piora a situação.

Entre as muitas causas da crise que enfrentamos, ocupa lugar de destaque a forma como criamos nossos filhos, a dinâmica da sociedade em que vivemos e também a forma como esta influencia o pensamento da juventude. Neste livro, focalizaremos especificamente um tema que representa apenas um aspecto dos padrões de comportamento destrutivos de nossa época: o homossexualismo. Espero conduzir o leitor à reflexão, trazendo para a discussão a idéia de que há meios de se evitar o homossexualismo, se atuarmos desde a mais tenra idade, pois a prevenção deve começar em casa, nos primeiros anos da infância. Serão explorados em detalhes a multiplicidade de fatores que contribuem para o surgimento do comportamento homossexual, dando ênfase a sua prevenção.

Às vezes, jovens de ambos os sexos são colocados em ambientes onde o homossexualismo lhes é imposto por alguém que esteja exercendo poder sobre eles... É óbvio que precisamos fazer todo o possível para evitar que tais situações venham a ocorrer... Essas atitudes podem não ser capazes de evitar o homossexualismo em todos os casos, mas se, conforme acredito, isto é uma doença causada por condições ambientais e educacionais, então é só uma questão de bom senso proporcionar à criança e ao jovem as melhores condições possíveis de crescer normalmente. — Dr. Charles Berg, M. D. e Dr. Clifford Allen, M. D., 1958

Diana e eu buscamos a colaboração de pesquisadores e o auxílio de uma escritora profissional para a realização deste livro. Todas essas pessoas são cristãos dedicados à obra de Deus, que procuram amar, obedecer e servir ao nosso Pai celestial através de um profundo relacionamento com seu Filho e nosso Salvador, o Senhor Jesus Cristo. O desejo de cada um de nós é "andar como Jesus andou" (1 Jo 2.6) e sermos "cooperadores de Deus" (1 Co 3.9), cumprindo seus desígnios e propósitos para este mundo.

Cada membro da comunidade cristã, antes de apontar o dedo para alguém, deveria em primeiro lugar examinar-se a si mesmo (1 Pe 4.17 – 5.4). Creio que Deus deseja realizar mudanças positivas no mundo através de sua Igreja, e este livro foi escrito a partir da premissa de que nós também fazemos parte do problema e precisamos estar à frente na busca das soluções. Você não acha que se os crentes se unirem e trabalharem juntos, com a ajuda de Deus, haverá uma chance muito grande de realmente conseguirmos causar impacto em nossa cultura e mudar os rumos da sociedade?

Diana e eu nos envolvemos com a questão do homossexualismo após uma conversa com um amigo muito querido. Conversávamos a respeito do trabalho em abrigos para pacientes com AIDS, e sobre a possibilidade desse trabalho continuar de maneira satisfatória. Esse amigo nos disse uma frase que me marcou profundamente:

— Don, vocês precisam trabalhar na prevenção do problema, ao invés de se empenharem tanto na tentativa de "remediá-lo". Desse jeito, vocês estão perdendo terreno.

Aquelas palavras mexeram tanto comigo que iniciei imediatamente uma pesquisa sobre o assunto, que acabou resultando neste livro.

O livro está dividido em duas partes. A primeira dá uma visão geral da homossexualidade, incluindo fatos que talvez o leitor desconheça. Na segunda parte são abordadas algumas experiências pessoais no tratamento do problema, e de fatores que têm de ser levados em conta na prevenção do homossexualismo.

Diana e eu fundamos um ministério chamado His Servants (Servos de Cristo). Estamos casados há trinta e oito anos, temos dois filhos e duas netas; mas não somos, absolutamente, pais perfeitos. Cometemos muitos erros na criação de nossos filhos e tivemos de passar pelo sofrimento de vê-los enfrentando a experiência do divórcio. Entretanto, o amor, o respeito e a profundidade do nosso relacionamento em família têm sido aperfeiçoados através das provações por que passamos e pelo trabalho nos vários ministérios cristãos em que nos envolvemos nos últimos quarenta anos.

Meu interesse no aconselhamento de jovens teve início quando servi na Marinha e trabalhava com discipulado em cinco bases militares do Havaí. A experiência ministerial cresceu ainda mais através do ensino de jovens e adultos na Escola Dominical, e em trinta anos de diaconato. Minha esposa e eu iniciamos um ministério voltado para universitários e trabalhamos em aconselhamento de casais, em programas de "12 passos" para auxílio de pessoas com comportamento compulsivo, em programas para jovens, em reuniões de liderança para homens de negócio e em um ministério para mulheres. Além disso, Diana e eu nos dedicamos ao trabalho rural em nossa fazenda, para suprir a maior parte das necessidades materiais.

Na preparação deste livro, trabalhei em estreita cooperação com um amigo, que chamarei de "Cody". Este homem já esteve profundamente envolvido no homossexualismo e desempenhou papel ativo no movimento gay. Quando Cody conseguiu abandonar esse estilo de vida, empenhou-se na fundação de um abrigo para aidéticos nos Estados Unidos. Sua dedicação levou-o a participar ativamente na organização de onze estabelecimentos desse tipo e, desde o início do trabalho, já enterrou centenas de vítimas da AIDS.

Cody tem sido uma fonte de informações de valor incalculável, cuja importância foi fundamental na elaboração deste livro. Diana e eu o consideramos como um filho e um irmão muito querido no Senhor. Conhecê-lo, ouvir suas histórias e sentir a dor de seu passado mudou nossa maneira de ver e compreender aqueles que passaram pelo sofrimento causado por abusos e rejeição na mais tenra idade. Lamentamos não poder apresentar mais detalhes das lutas que Cody enfrentou na vida, dando-lhe o devido crédito e a publicidade que seus esforços merecem.

Lela Gilbert nos auxiliou na escrita deste livro. Sem suas habilidades, experiência e conhecimento do assunto, Diana e eu não teríamos chegado a lugar algum. Agradecemos ao Senhor por tê-la feito cruzar o nosso caminho, pois ela é uma amiga querida e uma cristã madura, que nos ajudou imensamente.

A autoridade final em todas as minhas conclusões pertence à Bíblia. Creio que ela é a Palavra de Deus e que, além disso, "diz exatamente o que quer dizer e quer dizer exatamente o que diz". Esse pensamento me trouxe conforto em várias ocasiões, mas também me fez, muitas vezes, questionar meu modo de pensar, de forma que me motivou a redirecionar minha vida, sempre que necessário.

Em seu devocional Daily Thoughts for Disciples (Meditações Diárias para Discípulos), Oswald Chambers[1] diz: "Muitas pessoas ficam encantadas com o Evangelho, mas poucas se deixam transformar por ele". Diana e eu oramos na esperança de que o leitor não fique simplesmente encantado. Meu desejo é que este livro cause um impacto em sua vida e em sua fé, a ponto de fazê-lo juntar-se a mim como um "agente de Deus para a transformação de vidas" neste mundo tão conturbado em que vivemos. Se isso acontecer, a pergunta inicial que fizemos, "Aonde é que este mundo vai parar?", será respondida com esperança e louvor: "Pela graça de Deus, estamos trabalhando para desenvolver uma sociedade forte e saudável".

Don Schmierer
Sacramento, Califórnia, 1998

Primeira Parte:

Verdade ou Mentira?

A QUESTÃO DA HOMOSSEXUALIDADE está repleta de mitos, falta de informação e mal-entendidos. A maioria de nós tem sido submetida a uma pletora de rumores, opiniões sem fundamento e teorias não comprovadas a respeito do que leva homens e mulheres a se tornarem homossexuais. Muitos cristãos têm idéias abstratas sobre o assunto, mas nunca aplicaram essas idéias a situações reais. Outros preferem fazer como o avestruz, e fingem que o problema não existe, pelo menos não na "nossa igreja", na "nossa escola", ou na "nossa família". E existem ainda os que adotam uma atitude de completa tolerância em relação às escolhas morais em geral, e a esta em particular.

Enquanto isso, há meninas e meninos à nossa volta que se defrontam com questões profundas sobre sexo, relações íntimas, carências emocionais e espiritualidade cristã. Será que estamos preparados para alcançá-los, amá-los, dar-lhes apoio e ajudá-los a construir um relacionamento sólido e eterno com Deus, através de Jesus Cristo? Ou será que corremos o risco de deixá-los à própria sorte por causa de nossos temores, ignorância e autojustificação?

Se há uma coisa que aprendemos é que os que lidam mais de perto com o problema do homossexualismo sofrem tremendamente por causa de feridas profundas na alma. As incontáveis variações e cenários têm um denominador comum: o sofrimento, que a falta de compreensão e de perdão só fazem aumentar.

Nosso propósito principal é estender a mão de amor aos que sofrem. Esperamos também contribuir para que este assunto seja melhor compreendido por aqueles que estão tentando ajudar algum jovem, ou grupo de jovens, pelos que se dedicam à cura de almas feridas, e pelos que buscam respostas para algumas das mais difíceis questões da vida.

Na Primeira Parte do livro, introduzimos o assunto do homossexualismo, com base nas melhores informações que pudemos obter. As histórias de vida que apresentamos são reais, mas os nomes, lugares e circunstâncias foram alterados para proteger as identidades dos envolvidos. Comparamos mitos populares com fatos documentados, alguns dos quais chegaram até nós através da própria comunidade *gay*. Além disso, procuramos oferecer sugestões àqueles que desejam exercer uma influência positiva sobre jovens e adolescentes.

Depois de lançarmos as bases para o entendimento, passaremos à Segunda Parte, onde as informações que aprendemos serão aplicadas a algumas situações específicas.

Capítulo Um

O que É Homossexualismo?

Jason e Ryan são irmãos e estudam numa escola de classe média. Um dia, os dois chegaram em casa caçoando de um aluno novo chamado Lonny.

— Ele diz pra todo mundo que é gay!— disse Jason à mãe.

— E é mesmo! — confirmou Ryan. — Você precisa ver o jeito dele.

— O que você quer dizer com isso? Como é o jeito dele?

— Ele não consegue fazer nada direito na aula de Educação Física e parece até uma menina, com aquelas roupas de modelo. É mesmo um maricas!

— Então, vocês acham que todo garoto que não é bom em Educação Física é gay?

— Você não entende, mãe. Não é só isso. É o jeito dele andar, falar e se vestir. Ele é gay. Ele diz que é, e todo mundo concorda.

A mãe perguntou se Lonny parecia ter algum "namorado", ou se tinha comentado alguma coisa sobre ter um relacionamento com alguém.

Não! — explicou Jason. — Ele diz que ainda não ficou com ninguém. Mas a mãe dele sabe que ele é gay, e eu acho que ela não liga. Ele só anda no grupo das meninas, conversando sobre roupas e cabelo, ou então fica sozinho.

— Ele não tem colegas do sexo masculino? — perguntou a mãe.

— Que é isso, mãe! Ninguém quer ser visto com ele. Se alguém for conversar com ele, todos na escola vão pensar que também é gay.

Conversas como esta são comuns entre adolescentes como Ryan e Jason. A reação deles diante da homossexualidade é procurar afastar-se o mais depressa possível, e a única coisa que importa para eles é não ser "daquele jeito". A reação natural do adolescente diante daqueles cuja "preferência" sexual ameaça a sua própria identidade sexual e alimenta suas inseguranças sexuais mal disfarçadas é fugir.

As palavras *gay* e *homossexual* tornaram-se tão corriqueiras no vocabulário moderno que a maioria das pessoas nem se dá ao trabalho de parar para meditar no seu significado. O uso popular define *gay* como o indivíduo interessado em pessoas do mesmo sexo para a prática de relações sexuais. Quando, porém, a palavra homossexualismo é mencionada na mídia, geralmente se refere a um "estilo de vida alternativo", embora isto seja tão desconhecido da maioria das pessoas como a Atlântida, o continente perdido.

Em muitos adolescentes e jovens, o homossexualismo gera medo, repugnância, escárnio, e muitas outras reações de defesa, distanciando-os, assim, das pessoas envolvidas. Empatia, consideração e compaixão para com os homossexuais praticantes não são, de forma alguma, prioridades para eles.

As pessoas que se identificam com a comunidade cristã, que são conservadoras ou se consideram tradicionalistas, preferem também manter-se bem longe de homens e mulheres envolvidos no homossexualismo. Parece que quanto menos soubermos, melhor. Quanto maior a distância entre nós e eles, mais seguros nos sentiremos. O pouco que conhecemos a respeito de seus "atos sexuais" nos causam aversão, e seus problemas de saúde ou legais dizem respeito somente a eles, não a nós. Entretanto, muitos de nós, consciente ou inconscientemente, nos preocupamos com questões-chave, cujas respostas poderiam causar um forte impacto no modo como vivemos, criamos nossos filhos e nos relacionamos com essas pessoas tão marginalizadas em nossa sociedade:

- É possível prevenir o homossexualismo?
- Um homossexual pode tornar-se heterossexual?
- O que leva uma pessoa ao homossexualismo?

Talvez você se surpreenda se eu disser que acredito que a resposta às duas primeiras perguntas é: SIM. De fato, o propósito deste livro é apresentar os fatores que podem levar à opção por um estilo de vida homossexual, com o objetivo de apreender e aplicar estratégias eficazes na prevenção da homossexualidade.

Qual É a nossa Prioridade?

O que de fato significa quando dizemos que somos cristãos? Em Atos 11.26, lemos: "...Em Antioquia, foram os discípulos, pela primeira vez, chamados cristãos". Discípulo quer dizer seguidor, e discípulo cristão é aquele que segue o exemplo de Jesus, que tinha tanto amor a ponto de morrer voluntariamente pelos pecados daqueles que o odiavam, para levá-los ao pleno conhecimento de Deus. É nisso que penso quando uso a palavra "cristão". É a isso que nos referimos quando declaramos amar o pecador, mas odiar o pecado.

Para que possamos realmente sentir a compaixão de Cristo pelos que estão presos no homossexualismo, é importante compreender que a vida dessas pessoas é feita de muito sofrimento. Geralmente, elas trazem em seu passado algum episódio extremamente doloroso, envolvendo abuso sexual e abandono emocional, que resulta num profundo sentimento de rejeição.

Se um rapaz ou moça faz opção pelo homossexualismo, os prejuízos são grandes: conflito de identidade, depressão, exílio familiar e social, relacionamentos homossexuais intensos e tempestuosos, risco de doenças transmissíveis pelo sangue e aumento da probabilidade de abuso de álcool e drogas.

Em segundo lugar, vem algo ainda pior: os jovens que vivem no homossexualismo se defrontam com questões espirituais angustiantes. Eles geralmente se sentem completamente afastados de Deus, pois são incapazes de conciliar sua identidade homossexual com o Cristianismo, ou qualquer outra religião que desaprove a homossexualidade. Eles se sentem desgarrados e, na maioria das vezes, são abandonados justamente por aqueles que mais deveriam se importar com sua vida — passada, presente, futura e eterna. Nós, cristãos, fomos chamados para levar o amor de Deus a almas perdidas e feridas como essas (1 Jo 4.7-12).

Quando Jesus disse que olhar para uma pessoa com pensamento impuro é o mesmo que adulterar com ela, Ele estava ensinando que toda ação começa na mente. Paulo afirmou que somente com a ajuda de Deus poderíamos ser transformados "pela renovação do nosso entendimento", através de um processo de regeneração espiritual (Rm 12.2). Assim, precisamos primeiramente considerar o estado espiritual de uma pessoa antes de nos preocuparmos com as particularidades de qualquer situação pecaminosa, seja ela hetero ou homossexual.

Se você está lendo este livro é porque, provavelmente, está preocupado com a identidade sexual de alguém. Será que essa pessoa já foi apresentada a Cristo? A verdadeira mudança sempre começa quando o Espírito de Cristo tem liberdade para trabalhar dentro e através de nós. Jesus afirmou:

> Na verdade, na verdade te digo que aquele que não nascer de novo não pode ver o Reino de Deus... Porque Deus amou o mundo de tal maneira que deu o seu Filho unigênito, para que todo aquele que nele crê não pereça, mas tenha a vida eterna. Porque Deus enviou o seu Filho ao mundo não para

que condenasse o mundo, mas para que o mundo fosse salvo por ele (Jo 3.3,16,17).

Portanto, nossa prioridade é levar o amor de Cristo às pessoas, pedindo a Deus que nos dê oportunidades de compartilhar as boas novas de Jesus com todos os que se dispuserem a ouvir. Nossa responsabilidade primordial não é condenarmos os outros ou sermos reformadores morais, mas sim transmitir e demonstrar com alegria a verdade sobre a vida de Jesus Cristo, sua morte na cruz pelos pecados da humanidade e sua vitória sobre a morte, mostrando a todos que temos um Salvador que está vivo e que intercede por nós sem cessar. Não importa quais tenham sido os nossos pecados, em pensamentos, ações ou palavras; quando nos aproximamos de Jesus — no estado em que nos encontramos — Ele nos recebe, nos redime, nos regenera, e nos dá a sua paz. Sem o poder transformador de Cristo, os seres humanos não podem mudar sua condição pecaminosa. Não é a mera imposição de uma mudança externa de comportamento, para satisfazer exigências de regras convencionais, que irá libertar uma pessoa de modo a permiti-la seguir o plano de Jesus para sua vida e experimentar a verdadeira liberdade e plenitude espiritual.

MITO POPULAR: O homossexualismo é um caminho sem volta.

Pense nisso: O comportamento homossexual pode ser evitado e tratado em muitos casos. Assim como ocorre com qualquer outro pecado sexual, se confessamos nosso comportamento pecaminoso a Deus (1 Jo 1.9) Ele nos perdoa os pecados e nos purifica. Às vezes acontece de meninos se sentirem emocionalmente ligados a outros meninos, e o mesmo pode ocorrer com as meninas. Isso não é a mesma coisa que comportamento homossexual, embora, sob certas circunstâncias, possa levar ao homossexualismo. Quanto mais cedo forem detectadas as tendências homossexuais, mais fácil será evitar a sua consumação.

Stanton Jones e Mark Yarhouse, psicólogos do Wheaton College, afirmam que, após oitenta anos de pesquisa científica, há fortes evidências que indicam que a homossexualidade é completamente reversível. Segundo eles: "Todas as pesquisas realizadas sobre a ocorrência de conversão da orientação sexual homossexual para heterossexual mostraram... uma taxa de sucesso entre 33 e... 60 por cento". Há um grande número de histórias de sucesso registradas entre os mais de duzentos grupos de apoio e auto-ajuda existentes nos Estados Unidos e em outros países. Dentre estes, destacam-se os grupos *Courage*, *Exodus* e *Homossexuals Anonymous* (veja o Apêndice B).

Padrões de Desenvolvimento da Homossexualidade

É claro que enfrentamos uma série de desafios quando nos propomos a exercer o amor na prevenção do homossexualismo. Porém, antes de discutirmos esses desafios, vejamos como se dá o processo que leva um menino ou menina, ainda em desenvolvimento, a passar de uma "tendência homossexual" para uma "condição homossexual", e daí para o homossexualismo. Em primeiro lugar, vejamos as definições com que trabalhamos:

A Tendência Homossexual
É um conjunto de déficits — físicos, emocionais e ambientais — que predispõem o indivíduo para a *condição* homossexual.

Déficits
↓
Tendências
↓
Atrações
↓

A Condição Homossexual
Pode envolver gestos que transmitem intenção sexual, experimentação e, finalmente, algum nível de envolvimento no
↓
Homossexualismo ou Estilo de Vida Homossexual
Também chamado de "estilo de vida *gay*".

O que São Déficits?

O quadro anterior menciona *déficits* que predispõem o indivíduo para a tendência homossexual. Estes déficits podem manifestar-se muito cedo na vida de uma criança. Outros problemas, especialmente os que envolvem abuso sexual, podem até ter início na infância. Muitos dos problemas físicos que levam ao ostracismo social surgem quando a criança está no ensino fundamental, muito antes da puberdade. Estes problemas podem ser uma doença crônica, uma condição física diferente ou uma deficiência hormonal. No caso dos meninos, a simples combinação de miopia com baixa coordenação motora ou pouca habilidade desportiva pode constituir-se num quadro que leva à marginalização na hora da escolha dos times, ou à zombaria durante as práticas esportivas. Há estudos que demonstram que a falta de habilidade nos esportes é a causa da confusão de identidade de muitos homens. No entanto, sabemos que há atletas *gays* e que nem todos os rapazes heterossexuais se interessam por atividades físicas.

Os colegas são implacáveis na perseguição de qualquer um que suspeitem ser homossexual. Um garoto que foge dos esportes de competição está sujeito a este tipo de perseguição, da mesma forma que uma menina que seja muito agressiva; eles são marcados.

Gershen Kaufman[1]

Os conflitos de uma menina em relação à sua sexualidade podem começar porque os colegas a consideram "feia". Pode ser que ela esteja acima do peso, ou que não tenha "estilo" ou, quem sabe, não seja realmente "bonita". Em meninos e meninas, os problemas físicos podem variar entre dificuldades na audição ou na fala, desordens motoras, problemas de aprendizagem, deformidades ou doenças de pele.

Se as limitações físicas são acompanhadas de uma sensibilidade emocional exagerada, rejeição pelo grupo, impopularidade, isolamento e apelidos grotescos como "pereba", "bola de sebo" e outros epítetos populares, esses déficits podem preparar o caminho para que tendências homossexuais se instalem. Resumindo, a criança é excluída do grupo social majoritário. O pior é que a criança pode estar aquém das expectativas de seus pais, resultando em desaprovação e afastamento da parte deles, cuja falta de apoio pode ser muito mais dolorosa para a criança.

A probabilidade de ocorrer a confusão de identidade sexual é bem maior se houver alguma disfunção hormonal — que se manifesta quando existem fatores bioquímicos que levam meninos a terem uma aparência anormalmente feminina, ou meninas a apresentarem traços normalmente encontrados nos garotos. Os desequilíbrios hormonais têm tratamento médico, mas os pais ou responsáveis muitas vezes não lhes dão grande importância. Entretanto, se forem tratados de forma incorreta, podem trazer complicações ainda maiores. Junto com uma série de outros problemas, os maneirismos, a aparência e os comportamentos relacionados a desequilíbrios hormonais podem gerar, muitas vezes, implicância, gozações e perseguição. Ao mesmo tempo, durante os primeiros anos de seu desenvolvimento, quando a confusão de identidade ocorre em todas as crianças, pode acontecer de meninos e meninas imitarem comportamentos e gestos do sexo oposto[2]. A inevitável rejeição do grupo social gera inseguranças que, por sua vez, impedem o desenvolvimento de amizades saudáveis e confortadoras.

> *Quando bebê, Lonny vivia doente e ao entrar para a escola já apresentava asma crônica. Na primavera e no outono, ele perdia várias semanas de aula por causa da alergia. Porém, o maior desafio na vida de Lonny não era sua baixa estatura nem a respiração difícil, mas sim sua falta de habilidade ou má vontade em participar dos esportes ao ar livre, fosse durante o recreio, nas aulas de educação física,ou com as crianças da vizinhança.*
>
> *Lonny se recusava terminantemente a jogar beisebol, futebol, handebol, ou até mesmo participar de brincadeiras informais como pique-pega e esconde-esconde. E isso acontecia mesmo quando ele não estava com crise de asma. Durante todo o período do ensino fundamental, Lonny geralmente se dirigia para as laterais do campo e acabava num grupo de meninas. Ele se sentia muito bem brincando de casinha com elas, enquanto os outros garotos gastavam suas energias em atividades mais vigorosas.*

É claro que algumas crianças são mais bem-sucedidas socialmente que outras, e que, geralmente, são cruéis com os colegas. No entanto, toda criança que é sistematicamente rejeitada pelos colegas do mesmo sexo acaba desenvolvendo a sensação de ser um E.T., alguém que não se encaixa, um pária. Essa auto-imagem negativa pode levar a criança a concluir: "Eu sou diferente. Tem alguma coisa errada comigo. Eu não sou normal". Quando isso acontece, o conforto e companheirismo dos colegas do sexo oposto pode acabar aumentando ainda mais a confusão de identidade sexual.

Obviamente, muitas das crianças que se defrontam com essas dificuldades conseguem superá-las, *se* contarem com o apoio dos pais ou outros responsáveis. De fato, os embates com o grupo social podem levar algumas crianças a se destacarem em outras áreas. Porém, na maioria dos casos, devido a complexos fatores familiares, as crianças socialmente rejeitadas, que são as que mais necessitam do amparo doméstico, são as que menos podem contar com ele.

Qual a Influência do Ambiente Familiar?

Todas as crianças enfrentam uma ou outra dificuldade no plano físico, e a maioria delas atravessa períodos de desajuste social. Mas a extensão e o impacto desses episódios aumentam muito, se a situação familiar for adversa, visto que a correta atitude dos pais é essencial na criação de filhos bem ajustados. A falta de apoio familiar, principalmente por parte do pai, é um dos fatores mais importantes no aparecimento de tendências homossexuais. Quase todos os estudos sobre homossexualismo (tanto os favoráveis quanto os contrários) refletem um padrão de relacionamento pai/filho inadequado e infeliz. Portanto, o pai tem um papel-chave no jogo da identidade sexual.

Crianças que desenvolvem tendências homossexuais geralmente são filhos de pais ausentes, e mesmo nos casos em que estes estão presentes em casa, podem estar emocionalmente ausentes, imersos em seu próprio mundo, bêbados ou viciados em drogas, sempre pendurados no telefone ou no computador. Há casos em que os pais são emocionalmente ineptos ou, de alguma forma, inacessíveis aos filhos.

A mãe também desempenha um papel importante na formação da identidade sexual dos filhos. Quando examinamos os padrões de comportamento familiar por trás das tendências homossexuais, verificamos que as mães de crianças sexualmente confusas são, geralmente, mulheres dominadoras e excessivamente críticas e/ou controladoras. Elas podem ter aprendido a odiar os homens e, por isso, estão sempre fazendo pouco deles. Às vezes, são mulheres solteiras, solitárias e carentes, que desenvolvem um relacionamento de incesto emocional com os filhos. Podem também ser mulheres que querem controlar tudo e todos, por causa de seus próprios medos, ódios e frustrações.

> *Os pais de Lonny nunca estavam por perto. O pai freqüentemente estava fora de casa e a mãe, uma mulher extremamente emotiva e de grande talento artístico, passou a proteger exageradamente o filho asmático. Seu desapontamento e medo fizeram com que ela despejasse toda a sua energia emocional sobre o filho único. À medida que Lonny foi crescendo, ela tornou-se cada vez mais dependente dele, emocionalmente, e passou a viver em função das necessidades e problemas da criança.*
>
> *O fato de Lonny viver afastado do pai e isolado dos colegas fez com que ele se deixasse envolver ainda mais no abraço protetor da mãe. Seus sentimentos em relação a ela e ao pai eram confusos e ambivalentes. Ele desejava ardentemente a atenção do pai, mas odiava-o por sua falta de interesse paternal e por sua incapacidade de defender-se das críticas incessantes da esposa. À medida que se aproximava da adolescência, Lonny ficava cada vez mais irritado com a personalidade controladora da mãe e com suas explosões de descontrole emocional, mas, ao mesmo tempo, os laços que o ligavam a ela ficavam mais fortes. Em certos aspectos, ele se sentia como se fosse uma extensão da vida dela — os mesmos talentos, os mesmos acessos de raiva e os mesmos problemas.*

Em muitos casos, verifica-se que rapazes homossexuais são filhos únicos, ou são o caçula da família, ou são filhos adotivos.[3] Outra potencial fonte de problemas ocorre quando os pais desejam um bebê do sexo oposto, o que, muitas vezes, faz com que, inconscientemente, acabem cultivando no filho, ou filha, as características do sexo oposto, gerando assim confusão de identidade sexual na criança. Alguns chegam mesmo a dizer: "Nós não queríamos você".

Certamente esses exemplos não ocorrem em todos os casos. Mais adiante, discutiremos os sinais de alerta que indicam que uma criança pode estar correndo risco e veremos que não há padrões absolutos. Entretanto, há alguns denominadores comuns e um deles, talvez o pior de todos, é o abuso sexual.

Não é difícil imaginar por que uma criança que é molestada sexualmente pode acabar desenvolvendo confusão de identidade sexual. Um garoto que foi molestado por um homem pode acabar acreditando que "nasceu" para a prática homossexual. Uma menina que sofreu constantes abusos por parte do pai ou de outro homem adulto, pode tomar a decisão de jamais permitir voluntariamente que um homem a toque, e talvez só se sinta segura entre mulheres.

MITO POPULAR: Comportamento homossexual não tem nada a ver com abuso sexual.

Pense nisso: O abuso sexual desempenha um papel-chave no homossexualismo. As estatísticas indicam que 58% dos homossexuais sofreram abuso sexual na infância, e os demais, em sua maior parte, foram vítima de outro tipo de abuso, como maus-tratos físicos ou emocionais.[4]

O Ambiente Familiar Pode Levar ao Homossexualismo?

Com certeza, todo pai dedicado espera poder proteger seus filhos dos abusos sexuais. Mas qual é o tipo de ambiente que favorece o desenvolvimento sexual saudável das crianças? Na mente dos pais (casados ou não), que se importam com seus filhos, o lar ideal é um ambiente cheio de manifestações de afeto, com modelos de comportamento positivos e diversões saudáveis.

Entretanto, algumas crianças passam os primeiros anos da infância assistindo a brigas, discussões, agressões e frieza entre os pais, o que não lhes permite construir um padrão adequado de relacionamento entre homem e mulher. Essas crianças aprendem a sentir ódio, e não amor. Para piorar ainda mais as coisas, pais infelizes geralmente jogam os filhos contra o outro cônjuge, distorcendo lealdades e criando uma intensa confusão emocional.

Há crianças que vivem em lares onde os maus-tratos físicos e emocionais e os abusos sexuais são freqüentes. Nesses lares, o afeto pode ser inexistente ou se manifestar de forma imprópria, incluindo insinuação sexual, incesto, manipulação sexual e até estupro. É assustador o número de lares que hoje estão poluídos pela pornografia, desde a chamada "pornografia leve" das revistas masculinas, até as fotos de ninfetas seminuas e filmes ou vídeos de conteúdo sexual. Ou, ainda, fotos explícitas, filmes e publicações ilustrando várias perversões, como sadomasoquismo, pedofilia e homoerotismo.

Muitas vezes, as crianças que sofrem abuso sexual são primeiramente expostas à pornografia e, em seguida, incitadas a repetir as cenas que viram. Essas crianças acabarão imaginando que a pornografia faz parte da vida "normal" de um adulto. Algumas vezes, as próprias crianças se tornam viciadas nesse material. A pornografia pode aumentar o estímulo sexual, levando ao sexo antes do casamento ou às relações extraconjugais. Além disso, quando associada a várias outras circunstâncias, a presença de material pornográfico cria o ambiente — as tendências — para o desenvolvimento do homossexualismo.

> *Durante as freqüentes viagens do marido, a mãe de Lonny acabou se envolvendo com um artista jovem e simpático, que se sentia atraído por ela e por seu trabalho. Cega pela paixão, ela permitiu que o rapaz fosse morar em sua casa por alguns meses. Durante sua permanência, e sem o conhecimento da mãe de Lonny, ele abusou sexualmente do menino várias vezes.*
>
> *Embora Lonny tivesse menos de cinco anos, aqueles encontros sexuais deixaram marcas bem vívidas em sua memória. O homem, que estava sempre fazendo esboços de Lonny para vários projetos de arte, fez alguns desenhos que mostravam ambos em posições eróticas — posições que eles realmente experimentavam. Esses incidentes não foram desagradáveis para o garoto, e ele nunca disse uma palavra sobre o assunto à mãe. Carente de atenção paterna e sem a mínima consciência da perversão daqueles atos, Lonny, pela primeira vez na vida, sentiu-se amado. Quando o homem que o molestava foi embora, Lonny ficou triste e sentiu-se mais uma vez abandonado por uma figura masculina. Foi*

por causa desse relacionamento com o amante de sua mãe que Lonny declarou, já adolescente: "Eu sempre fui gay — desde que me lembro, sempre quis estar com meninos, nunca com meninas".

Como as Tendências se Transformam em Atração?

Será que todas as crianças com déficits ou deficiências físicas se tornam homossexuais? A resposta é não.

Será que todas as crianças criadas em lares infelizes optam pelo estilo de vida homossexual? Também não.

E será que todos os meninos e meninas, oriundos de ambientes domésticos pervertidos, têm problemas de identidade sexual? É claro que não.

Embora essas três áreas sejam críticas, veremos nos próximos capítulos que há uma infinidade de variáveis envolvidas no desenvolvimento de uma orientação homossexual. E essa orientação nem sempre acaba se transformando em condição homossexual.

As crianças cujas vidas foram corrompidas por acontecimentos doentios podem ficar confusas a respeito de seus sentimentos por pessoas do mesmo sexo. Atrações emocionais inocentes que brotam de uma necessidade normal por afeição e de se relacionar com pessoas do mesmo sexo podem ser mal interpretadas por essas crianças, ou pelos que as cercam. Se não houver nenhuma intervenção positiva, elas podem ser vítimas de tendências que levam ao homossexualismo.

Sexo "Gay": Experiência ou Condição Permanente?

Durante muito tempo, Lonny tinha alimentado fantasias sobre o ato sexual e, recentemente, vinha usando pornografia homossexual durante a masturbação. Numa festinha na casa de colegas da escola, em que o álcool e as drogas eram usados livremente, Lonny acabou se envolvendo sexualmente com um estudante chamado Justin, que estava alcoolizado e drogado. Eles mantiveram relações e vários alunos ficaram sabendo. Naquele fim de semana, os telefones não pararam um minuto e já na segunda-feira de manhã os dois tinham sido rotulados como "gays".

Será que Lonny e Justin são realmente *gays*?

A resposta é não. Embora eles tenham se envolvido num ato sexual, não são necessariamente homossexuais. Lonny está seguindo um padrão de comportamento que vai da orientação homossexual à condição homossexual plena. O outro rapaz praticou um ato condenável, sob a influência das drogas e do álcool, num incidente isolado, mas ainda que ele tivesse se relacionado com uma moça, o incidente seria igualmente condenável. De qualquer forma, o fato de os dois rapazes terem mantido relações sexuais não é sinal conclusivo de que algum deles seja homossexual.

Lonny e Justin não deveriam ser rotulados como *gays* porque, em primeiro lugar, *ninguém é essencialmente homossexual.* Certamente, existem pessoas que participam de atos homossexuais e se identificam com a comunidade homossexual. Mas essas pessoas, na realidade, são simplesmente homens e mulheres que optaram ou estão optando por um certo tipo de comportamento. Seu ser interior, seu espírito e sua alma, não podem ser definidos como uma entidade homossexual.

Em segundo lugar, as experiências sexuais da adolescência podem incluir atos homossexuais. Isso pode ocorrer por curiosidade, luxúria, inabilidade para conquistar um parceiro do sexo oposto, ou rebeldia e desejo de afrontar os valores da sociedade.

A condição homossexual é um desvio da sexualidade saudável. Não devemos considerá-la como um estado permanente, nem como um terceiro sexo, ou um estilo de vida misteriosamente selado pelo destino. Ela é uma condição e, como tal, pode ser mudada, alterada e evitada, desde que reconhecida em seus estágios iniciais.

Infelizmente, quando os sinais de alerta não são reconhecidos, ou são ignorados, ou quando reagimos a eles com rejeição, a tendência homossexual pode levar a pessoa ao ato sexual, e este pode conduzir a uma espiral descendente que foge ao controle e termina no homossexualismo.

Por que Prevenir?

Há um velho ditado que diz: "É melhor prevenir do que remediar". Quando avaliamos os riscos envolvidos no estilo de vida homossexual, vemos que para salvar aqueles que se envolvem nessa vida é necessário muito mais do que uma boa dose de remédio. De fato, em pelo menos metade dos casos as trágicas conseqüências do estilo de vida homossexual podem ser virtualmente incuráveis.

Por outro lado, há muitas razões para crer que a tendência e a orientação homossexual podem e devem ser evitadas, e que, como acontece com muitos problemas sociais, a prevenção começa em casa.[5] No Capítulo 5, examinaremos alguns riscos evidentes no comportamento homossexual que são motivo de preocupação para todos nós. Mas, por enquanto, vamos focalizar nossa atenção no modo como o mundo vê o homossexualismo nos dias de hoje.

A sociedade atual considera "politicamente incorreto" dizer que o comportamento homossexual é uma forma de perversão sexual. De fato, os meios de comunicação populares querem que acreditemos que não existe perversão sexual, pois somente os casos mais violentos, bizarros e macabros são qualificados como tal. Outros atos sexuais menos chocantes — independente de quem ou o quê esteja envolvido — ficam sob a proteção do guarda-chuva da permissividade, que diz: "Cada cabeça, uma sentença". Entretanto, as coisas não foram sempre assim.

Em 1933, a prevenção era considerada a melhor opção para o tratamento do homossexualismo e, já naquela época, as estratégias de prevenção estavam voltadas para o ambiente familiar. O Dr. William Stekel escreveu: "Posso afirmar, baseado em minha própria experiência profissional, que os pais de homossexuais sempre apresentam traços de caráter anormais. Com grande freqüência, os homossexuais masculinos têm mães... emotivas e do tipo dominador... Com a mesma freqüência, encontramos um pai com comportamento patológico, que age como um tirano doméstico... A cuidadosa investigação das histórias de vida dessas pessoas deixará o assunto evidente".[6]

Somente a partir de 1973 o homossexualismo passou a ser visto como um "estilo de vida alternativo", e não mais como uma forma de desvio sexual. Essa mudança de definição ocorreu quando a

Associação Americana de Psiquiatria (APA) eliminou a palavra homossexualidade do seu *Manual de Diagnóstico e Estatística*, deixando de considerá-la uma desordem psicológica. A pressão de ativistas políticos homossexuais fez com que a APA redefinisse o termo em suas publicações. Até mesmo a palavra "*gay*", que em inglês transmite uma idéia de alegria, despreocupação e boa saúde, passou a ser aplicada inadequadamente a um estilo de vida que raramente se mostra alegre, despreocupado ou saudável.

Em seu livro *Homossexuality and the Politics of Truth* (O Homossexualismo e a Política da Verdade), Jeffrey Satinover escreve: "Os motivos que levaram a APA a normalizar a homossexualidade foram políticos, e não científicos".[7] Não há argumentos clínicos e científicos que justifiquem a mudança de definição. A pressão foi promovida por ativistas homossexuais que, com ameaças de rompimento e desordem, acusaram os psiquiatras de discriminação, e não de inexatidão científica. De fato, cinco anos depois, uma pesquisa realizada com 2.500 membros americanos da APA revelou que 68% deles ainda consideravam a homossexualidade como desordem psicológica.

Por volta dessa mesma época, a abordagem preventiva da homossexualidade, um princípio reconhecido pelos profissionais da medicina e psicologia já havia muito tempo, começou a perder espaço e ênfase nas discussões.[8] A abordagem preventiva da homossexualidade foi virtualmente banida na maioria dos ambientes terapêuticos devido ao agressivo ativismo do *lobby* dos "direitos homossexuais" e o resultante trabalho de desinformação realizado pela mídia. Era grande o apelo para que o homossexualismo passasse a ser considerado uma questão de direitos civis.

Muitos daqueles que passaram anos de suas vidas pesquisando o assunto continuaram a crer que a condição homossexual é, de fato, uma desordem psicológica. As pessoas de fé também a consideram como uma condição de pecado e, como tal, guardando estreita semelhança com outros tipos de comportamento obsessivo e compulsivo. Outras disfunções e desordens psicológicas são tratadas amplamente através de várias formas de terapia e aconselhamento espiritual. Por que não acontece o mesmo com o homossexualismo?

As tendências que levam a vários comportamentos de alto risco — abuso de álcool e drogas, anorexia e bulimia, compulsões e aberrações sexuais — podem ser identificadas bem cedo e tratadas antes que os hábitos de comportamento autodestrutivos tenham a chance de acabar com a vida dos envolvidos. Obviamente, o mesmo ocorre com o homossexualismo. Quanto mais cedo ele for identificado e tratado, maiores serão as chances de evitar que se desenvolva.

Mas por que devemos procurar evitar o homossexualismo? Nas últimas décadas, o Ocidente tem tentando combater o vício do tabagismo, devido aos males causados não apenas aos fumantes ativos, como também aos passivos. Ao dirigirmos, usamos o cinto de segurança e instruímos nossos filhos a fazerem o mesmo, porque o cinto de segurança pode salvar uma vida. Temos lutado de todas as formas para salvar as novas gerações dos perigos das drogas, por causa dos muitos riscos envolvidos.

Se olharmos para a questão do homossexualismo de forma clara e honesta, veremos que há motivos de sobra para nos preocuparmos. A prevenção não é apenas possível, ela é aconselhável. Os que conhecem os fatos sabem que, longe de ser uma atitude discriminatória, a prevenção do homossexualismo é, acima de tudo, um ato de amor.

Irmãos, se algum de entre vós se tem desviado da verdade, e alguém o converter, saiba que aquele que fizer converter do erro do seu caminho um pecador salvará da morte uma alma e cobrirá uma multidão de pecados (Tg 5.19,20).

Um Novo Começo

Lonny foi chamado à sala da orientadora educacional, que lhe perguntou sobre os boatos de que se comportava como homossexual. Na mesma semana, sua mãe também foi chamada e lhe informaram sobre a "opção" sexual de seu filho. Por alguns instantes, ela ficou ali sentada, atônita e calada.

Quando a terapeuta perguntou no que ela estava pensando, ela olhou para Lonny com um ar preocupado e disse:

— Eu sempre vou amá-lo, não importa o que aconteça, mas já perdi muitos amigos homossexuais por causa da AIDS, e alguns deles, que nem tinham a doença, cometeram suicídio. Se

o homossexualismo é realmente uma opção, então quero tentar ajudar Lonny a fazer outra escolha.

— O que é que você acha disso, Lonny? — perguntou a orientadora. — O que você gostaria de fazer?

Lonny, como sempre, queria agradar a mãe, mas estava em dúvida.

— Eu nasci gay, não é? — perguntou ele confuso. — Quer dizer, eu sempre fui desse jeito e não acho que tenha escolha!

A orientadora balançou a cabeça e disse:

— Talvez você não tenha sido sempre assim. Talvez tenha havido alguns acontecimentos que mudaram sua maneira de pensar... Coisas que aconteceram há muito tempo...

Um amigo cristão indicou a Lonny e sua mãe um conselheiro especializado na prevenção do homossexualismo. Na opinião dele, esse tipo de tratamento era não apenas possível, mas aconselhável. O processo não tem sido fácil, mas o fato de Lonny haver tido apenas um encontro homossexual, excetuando-se o período em que foi molestado sexualmente, ajudou bastante. Hoje em dia, há bons motivos para crer que Lonny escolherá um estilo de vida heterossexual. Há muitas razões para encorajá-lo a fazer isso e uma grande esperança de que, por sua boa vontade, pela dedicação de seu conselheiro cristão e o cuidado afetuoso de sua mãe, o processo terá êxito. Com a ajuda de Deus, o tratamento será um sucesso.

Sinais que Podem Indicar que um Adolescente Está com Problemas de Ordem Sexual

Nenhum desses itens é evidência conclusiva de uma tendência homossexual. Entretanto, se vários deles estão presentes, o jovem pode estar enfrentando problemas sexuais:

1. Uma criança sensível levada a sentir-se diferente por causa de zombaria ou menosprezo por parte de colegas ou familiares.
2. Um jovem que só anda com meninas; histórico de brincadeiras com meninas ao invés de meninos antes da puberdade.
3. Comportamento ou aparência efeminada nos meninos, ou comportamento masculino extremo; estilo e postura

masculina nas meninas (não confundir com aparência atlética).

4. Amizade não natural, de caráter compulsivo, misterioso ou inseparável, desenvolvida entre irmãos, primos, parentes ou vizinhos — especialmente em famílias que se formam num novo casamento de um dos pais ou em famílias adotivas.
5. Exagerada rejeição por parte do progenitor do mesmo sexo que a criança.
6. Lar sem a presença de um pai, ou com pai emocionalmente inacessível.
7. Mãe dominadora.
8. Filho caçula.
9. Garota jovem com uma "melhor amiga" muito mais velha, num relacionamento que exclui outras garotas da mesma idade.
10. Ira — freqüentemente manifestada sob a forma de sarcasmo, cinismo ou distanciamento.
11. Criança frágil, com problemas de mal formação, surda ou marginalizada por outro motivo; aparência física rejeitada pela sociedade; aluno "lento".
12. Comentários do tipo: "Eu devo ser *gay*" ou "Acho que sou bissexual".
13. Criança solitária, absorta.
14. Meninos que evitam brigas e altercações físicas.

Capítulo Dois

Em Busca da "Família Perfeita"

Chad sentou-se na arquibancada, com o boné de beisebol virado para trás, os cotovelos apoiados nos joelhos, apenas olhando despreocupadamente o time de basquete se aquecer. Quando o jogo estava para começar, a família Sanders entrou no ginásio e Chad sentiu aquela agitação interior que a presença deles sempre causava. É claro que ele gostava um pouco de Sarah, mas não era esse o motivo da sua inquietação. Eles eram uma família bonita, todos altos, atraentes e extrovertidos.

Tom Sanders era um advogado muito respeitado na comunidade. Sua esposa, Christine, sempre bem vestida, era uma figura bem conhecida na escola, pois estava sempre envolvida nas atividades de pais e mestres. E, claro, Sarah, a filha de dezessete anos, uma loura estonteante que era líder de torcida e fazia com que Chad desejasse ardentemente ser um veterano ao invés de um simples aluno do segundo ano. Obviamente, o motivo de estarem naquele jogo era seu filho, Brian, um astro do basquete que, como junior, já havia quebrado todos os recordes de pontos por partida, tomadas de bola e

rebotes.

Chad não sabia ao certo se o modo como ele reagia quando via os Sanders era por causa da paixonite por Sarah, que ele cuidava em manter bem escondida da curiosidade dos amigos. O mais provável, pensava ele, é que sua medíocre vida familiar o fizesse desejar fazer parte daquela família-modelo. Chad não conseguia imaginar nenhum evento que fizesse com que seus pais divorciados fossem até a escola: esportes, premiações acadêmicas, peças de teatro, reuniões de ex-alunos — eles não davam a mínima para nada disso. Durante muitos anos, Chad fez parte do time de beisebol, e seu pai nunca aparecera num jogo sequer para incentivá-lo. A mãe só ia levar e apanhar o filho, mas não assistia ao jogo; preferia ficar ouvindo rádio dentro do carro até a partida terminar. Ela não saberia dizer a diferença entre um "home run"[1] e um "home theater".

Enquanto os Sanders caminhavam até seus lugares, Chad observava o modo como eles cumprimentavam os outros pais, acenando alegremente, sorrindo e olhando para todos como se fossem artistas de cinema. Assim que se sentaram, Tom se virou e deu um beijo em Sarah (que estava linda como sempre). Ela sorriu e deu um adeusinho, parecendo um pouco envergonhada.

Ela não devia ficar envergonhada — pensou Chad com seus botões. — Talvez não saiba a sorte que tem por ter uma família maravilhosa como essa. Quem me dera que minha família fosse assim. Eu sentiria muito orgulho deles....

Talvez todos nós, bem lá no íntimo, desejemos uma família perfeita como de algum seriado de TV. Quem não gostaria de passar a infância numa casa bonita e confortável, num bairro chique, cercado de vizinhos perfeitos com filhos espertos e sem problemas? Mesmo que já não estejamos na idade de passar a infância nessa vizinhança, seria ótimo poder conviver com pessoas assim e pedir-lhes conselho quando tivéssemos algum problema. Mas, será que esse tipo de família existe mesmo? Talvez sim, mas nunca moram na nossa rua, ou no nosso bairro, nem lemos sobre eles no jornal.

A Família Perfeita de Deus

Independente da opinião de Chad sobre os Sanders, famílias perfeitas são raras de se encontrar. De fato, quando conhecemos melhor as pessoas, geralmente vemos que a história é bem diferente. É só passar algum tempo com adolescentes que logo começamos a ouvir sérias reclamações a respeito de seus pais. A adolescência é um período difícil para todos, e até mesmo os mais sólidos laços familiares podem ficar abalados nessa época. Se conversarmos com os pais, veremos que eles têm inúmeras razões para desaprovar o comportamento de seus filhos. E o mesmo acontece com os filhos em relação a seus pais. Os desentendimentos e discussões ocorrem mesmo nas situações mais privilegiadas. E, quando perduram os problemas, os jovens podem acabar apelando para as drogas, o álcool, comportamentos irresponsáveis, exibicionismo sexual, ou alguma outra forma de rebeldia, para extravasar a raiva.

Apesar de nossas fantasias sobre o "lar doce lar", quase todos sabem que não existem famílias perfeitas. Entretanto, o projeto para uma família perfeita existe. Deus projetou o casal para que o homem e a mulher participassem como criadores, juntamente com Deus, trazendo novas vidas ao mundo e atuando como mordomos da criação. O retrato da família ideal começa com um marido que ama e protege sua esposa do mesmo modo que Jesus ama sua Igreja — tão intensamente a ponto de morrer por ela (Ef 5.25).

A esposa deve amar e respeitar seu marido, reconhecendo que Deus o escolheu para ser o chefe da família (Tt 2.4; Ef 5.33). Os filhos devem respeitar os pais, e estes devem disciplina-los de acordo com suas personalidades individuais e não provocá-los à ira (Ef 6.1,2; Pv 22.6; 23.13).

E criou Deus o homem à sua imagem; à imagem de Deus o criou; macho e fêmea os criou. E Deus os abençoou e Deus lhes disse: Frutificai, e multiplicai-vos, e enchei a terra, e sujeitai-a; e dominai sobre os peixes do mar, e sobre as aves dos céus, e sobre todo o animal que se move sobre a terra (Gn 1.27,28).

Isso tudo não parece extraordinário? O projeto bíblico de Deus é uma visão maravilhosa para os que crêem, mas pode tornar-se uma imensa fonte de frustrações para os que têm de se contentar com menos que isso. As mulheres cujos maridos são grosseiros, arrogantes ou violentos ficam frustradas só de pensar num esposo terno, semelhante a Cristo. Para o homem que é casado com uma mulher fria, distante, ou mal-humorada, uma esposa amorosa e diligente (Pv 31) de fato soa como um tesouro. E, para filhos como Chad, ter pais interessados e presentes é o sonho mais precioso e distante.

Nós, cristãos, sabemos que os ideais de Deus não são inatingíveis. Embora sempre falte um ou outro detalhe, à medida que nos dispomos a cooperar com a transformação que Deus quer fazer em nossa vida, ficamos cada vez mais parecidos com Ele e, portanto, mais parecidos com a pessoa que Deus deseja que sejamos em nossa família. As famílias cuja base é a Palavra de Deus têm maior probabilidade do que as outras de evitar o rótulo de "disfuncional", um *clichê* da psicologia tão em voga atualmente. Mas, se falharmos, o fracasso nos ensinará (às vezes da maneira mais difícil) uma lição sobre arrependimento, perdão e restauração (1 Jo 1.9).

Para Deus, a família é, ao mesmo tempo, uma mini-igreja, o local sagrado para procriação e o mais honrado dos relacionamentos humanos. A própria família deve valorizar-se como tal. Os pais devem desempenhar seus papéis de acordo com os padrões determinados pelas Escrituras. E o ambiente familiar, desde antes da concepção até o momento em que os filhos deixam a casa paterna para formarem seus próprios lares, deve estar centrado em Deus. Isto se reflete na segurança da presença de Cristo e em sua incondicional aceitação, no perdão contínuo, no encorajamento e na paz. Se um jovem casal está formando uma família, a primeira coisa que deve fazer, antes mesmo do nascimento dos filhos, é tomar a decisão de criá-los segundo a vontade de Deus.

Os pais cristãos têm a responsabilidade de evitar as perigosas, e às vezes extremamente tentadoras, armadilhas culturais que envolvem o consumismo, a infidelidade sexual, o legalismo religioso, o egocentrismo e o descontrole emocional. Os princípios que norteiam a educação dos filhos segundo o padrão divino, tão amplamente divulgados nos círculos cristãos, são vitais para a saúde das crianças, no plano espiritual, emocional e físico. E, acima de tudo, o amor é a palavra mais importante para o sucesso na educação dos filhos.

Tão-somente guarda-te a ti mesmo e guarda bem a tua alma, que te não esqueças daquelas coisas que os teus olhos têm visto, e se não apartem do teu coração todos os dias da tua vida, e as farás saber a teus filhos e aos filhos de teus filhos (Dt 4.9).

Nossa Imperfeita Realidade

Da mesma forma que Diana e eu somos os primeiros a admitir que não existe família perfeita, a maioria das pessoas reconhece que, na verdade, ninguém é perfeito. Todos cometemos erros e sofremos as conseqüências de nossos atos. O que se observa é que, embora nos empenhemos ao máximo para fazer tudo certo, algo pode sair errado: mortes, doenças e divórcios podem atingir de forma trágica até mesmo os crentes mais fiéis e fervorosos na oração. O saldo dessas tragédias pode ser uma mãe ou pai — que jamais imaginou que isso pudesse vir a ocorrer — de repente se vendo sozinho para cuidar dos filhos. Nessas situações, as crianças acabam muitas vezes sendo negligenciadas, porque a mãe ou o pai têm de ficar muitas horas longe de casa para prover o sustento da família. Muitos pais solteiros amam verdadeiramente seus filhos e se esforçam ao máximo por se fazerem presentes, mas simplesmente não conseguem alcançar o resultado desejado.

Além disso, nem todas as famílias problemáticas são compostas por pais solteiros. Às vezes, a unidade familiar permanece intacta. Não há divórcio, pelo menos não formalmente. No entanto, a distância que separa um membro do outro é imensa. O alcoolismo, o uso de drogas e a compulsão pelo trabalho são inimigos implacáveis da vida familiar. Um dos pais pode ser sinceramente dedicado a Cristo, enquanto o outro só se importa com seus próprios interesses. Essas pessoas podem exaltar o nome de Cristo com suas palavras, mas seus atos dizem o contrário.

Provavelmente o egoísmo seja o denominador comum de todos os problemas familiares. Há pais que passam a maior parte de seu tempo envolvidos com o trabalho, com seu esporte predileto, com o clube, a televisão, ou o computador. Algumas mães se dedicam tanto à ginástica, às amigas, às compras, à decoração da casa e, claro, também à igreja, que acabam se afastando do resto da família. O egoísmo também é comum entre os filhos. Durante a infância, atitudes egoístas são até naturais, porém, se não forem coibidas, podem gerar tensões constantes, explosões de cólera e chantagens emocionais.

Já mencionamos as terríveis situações que ocorrem em famílias onde existe abuso emocional, físico ou sexual. Esses abusos são geralmente acobertados, até que as conseqüências por eles causadas começam a se revelar através de comportamentos chocantes e inesperados.

Chad não conseguia acreditar no que estava ouvindo quando começaram a circular boatos de que Sarah Sanders era lésbica. O dia inteiro, as pessoas só falavam nesse assunto. Alguém tinha visto Sarah e uma outra garota de mãos dadas no estacionamento e, ao confrontá-la, ela sorriu e disse:

— É isso mesmo! Eu sou lésbica. Homem nenhum jamais vai encostar a mão em mim, e vocês não têm nada com isso.

Chad teve um impulso de procurar Sarah e perguntar-lhe pessoalmente, mas sentiu que não a conhecia tão bem para questionar algo assim tão íntimo. Ela poderia pensar que ele a estava ridicularizando. Assim, prudentemente, guardou a pergunta para si mesmo. Quando chegou em casa, no fim da tarde, encontrou Kate, uma amiga de sua mãe, que disse:

— Vim cuidar de você porque sua mãe vai chegar tarde hoje.

Chad gostava de Kate. Ela era expansiva e divertida e parecia realmente se importar com ele. Além disso, de algum modo parecia esforçar-se para estar sempre presente, sem, no entanto, ser uma babá. Como a história de Sarah não lhe saía da cabeça, ele resolveu conversar com Kate sobre o assunto. Chad não admitiu de jeito nenhum que tinha uma certa afeição por ela (embora Kate, provavelmente, já tivesse percebido), mas explicou que a família dela era o retrato da perfeição e falou sobre os boatos recentes.

— Então, quer dizer que Sarah não gosta que os rapazes se aproximem demais? — perguntou Kate, sorrindo. — Será que

ela não está só tentando manter afastados os conquistadores em potencial? Ela tem namorado?

Chad sorriu, um tanto corado.

— Não, de jeito nenhum. Ela me disse, um dia, que seu pai ficaria com ciúmes se ela arranjasse um namorado. Por isso ela não sai com rapazes.

Kate ouvia tudo com atenção e, por um instante, pareceu que seus olhos se encheram de lágrimas.

— Como é o pai dela, Chad? Ele bebe?

— Está brincando? — disse Chad, rindo. — Ele é o advogado mais respeitado da cidade. E qualquer um percebe o quanto ele gosta de Sarah, pois está sempre falando coisas no ouvido dela e é muito carinhoso, mais do que qualquer outro pai que eu conheça.

Kate ficou por um instante olhando pela janela, em silêncio, tentando decidir o que dizer naquele momento. Depois, simplesmente encolheu os ombros e disse:

— Sabe, Chad, as coisas nem sempre são o que parecem. Essa família pode não ser tão perfeita quanto você pensa.

Feridas Ocultas

Coisas estranhas acontecem entre quatro paredes e são sempre um choque para os que acreditam na bela fachada que algumas famílias constroem para esconder seus segredos. Muitas vezes, até mesmo membros da família ignoram o que acontece em certas partes da casa. Um rapaz pode estar assediando sexualmente a irmã e ameaçando-a para que não conte nada aos pais. Um pai pode freqüentemente molestar sua filha, entrando de forma sorrateira em seu quarto, geralmente alcoolizado. Em ambos os casos, a vítima mantém o silêncio, especialmente diante da mãe, por medo das conseqüências. Os hábitos pornográficos de um homem podem estar escondidos em seu local de trabalho, ou enfurnados na garagem. Uma mãe alcoólatra pode manter as evidências de seu vício bem trancadas num canto isolado da cozinha.

Minha vida sempre foi feita de silêncios: tenebrosos segredos de família escondidos no sótão. Segredos como incesto,

vício, abusos e suicídio. Quando me tornei adulta, fiz minha própria coleção de segredos, escondidos não mais no sótão, mas dentro do armário. — Mardi Richmond, From Wedded Wife to Lesbian Life[2] (De Mulher Casada a Lésbica)

....

Os segredos costumam infeccionar quando mantidos muito tempo na escuridão, como uma ferida que não sara por falta de luz solar e ar fresco. Os cristãos sabem que Jesus afirmou ser a luz do mundo e conclamou seus discípulos a serem luz nas trevas. É claro que nossos segredos precisam ser confessados a Deus e é nossa responsabilidade procurar ajuda para que possamos nos arrepender e resolver definitivamente o problema.

Isso é importante por várias razões. Em primeiro lugar, todos nós teremos de prestar contas de nossos pecados e erros diante de Deus. Mas nosso comportamento errado também pode ter conseqüências devastadoras sobre os que nos cercam. Quando uma família esconde um terrível segredo, os filhos têm sérios problemas. Às vezes, os segredos não chegam a ser tão graves como um incesto ou outras formas de abuso, mas envolvem distúrbios emocionais como raiva descontrolada, depressão e críticas constantes. Geralmente, a raiz dos comportamentos autodestrutivos e obsessivos de uma criança está nos distúrbios emocionais dos pais.

Ao perder a direção de seu carro e sair da estrada, indo parar numa vala no acostamento, Sarah estava sob o efeito de uma grande dose de metanfetamina, e não tinha a menor idéia do que fazia. Mas, quando acordou no hospital, praticamente ilesa, considerando-se que poderia ter morrido, começou a pensar sobre o que tinha acontecido em casa, algumas semanas atrás. Sua mãe, que sempre começava a beber na hora do almoço, estava mais bêbada do que de costume. E, aos berros, confrontava o marido a respeito de seu comportamento para com a filha.

— Seu pervertido! Não sei como é que consegue olhar-se no espelho? Será que você não sente nojo de si mesmo?

Até aquele momento, Sarah não tinha idéia de que a mãe sabia das incursões do marido em seu quarto, no meio da noite. Ele mantinha relações com ela já fazia três anos e ela passara a odiar o som da sua voz e o toque das suas mãos mais do que as palavras conseguiam expressar. Porém, Sarah tinha medo, muito medo, do que poderia acontecer se alguém descobrisse o que estava acontecendo. Em primeiro lugar, quando era mais jovem, ela havia até gostado daquela sensação de aconchego quando o pai a procurava e, agora, a vergonha que sentia de si mesma era insuportável. Em segundo lugar, ela sabia que o pai era um homem respeitado na escola e na comunidade. Se alguém soubesse quem ele realmente era, isso acabaria com sua carreira e com a vida luxuosa que levavam. Obviamente, aquilo tudo era culpa dela; ela jamais deveria ter permitido que acontecesse.

Sarah sentia-se torturada pela culpa e a autocondenação. Mas as drogas lhe davam uma sensação de liberdade, pois durante algumas horas, a depressão desaparecia. E ela adorava a sensação provocada por toda aquela agitação. A droga fazia com que ela se sentisse realmente feliz, pelo menos por um tempo. Enquanto durava o efeito, ela não tinha outra preocupação senão divertir-se e rir histericamente com os amigos. Às vezes, alguém tentava se aproximar dela com intenção sexual, mas a verdade é que Sarah realmente não gostava de sexo — nem com homens, nem com mulheres. Quando um desejo sexual lhe aflorava e ela seguia seus impulsos, sentia-se suja e passava horas no chuveiro, tentando lavar a vergonha e o desgosto que se apoderavam de sua alma.

Depois do acidente, Sarah foi submetida a exames que comprovaram a presença de substâncias ilegais em seu organismo. Desta forma, o juiz determinou que ela fosse assistida por um conselheiro. Isso aconteceu várias semanas antes que a história toda sobre sua família viesse à tona. Mas o aconselhamento era apenas um pequeno passo na direção de sua cura. Havia tanto a ser dito, tanta coisa a enfrentar, tanto a ser mudado e tantos sentimentos a trabalhar, que Sarah achou que seria mais fácil enfrentar a morte do que a vida.

Felizmente, seu conselheiro acreditava em princípios espirituais como arrependimento, perdão e a salvação em Cristo. Além disso, algumas pessoas que Sarah mal conhecia estavam orando por ela. Uma delas era Chad.

De todas as unidades sociais que há no mundo, a família — como Deus a imaginou – é a mais vital para a preservação e proteção da vida. O seio da família é o lugar onde encontramos segurança, nos refugiamos dos problemas do mundo, e onde o amor tem a prioridade sobre todo o resto. Nas famílias sadias, o crescimento é estimulado e as crianças são preparadas desde o berço para se tornarem adultos fortes e tementes a Deus — prontos, desejosos e capazes de atender ao chamado do Pai celestial. Talvez seja por isso que a família seja alvo de tantos ataques. Nos dias de hoje, a família é o centro dos ataques do inimigo, e existem até mesmo pessoas que, sob tal influência, desejam acabar com ela de vez.

> ***"...A unidade familiar — lugar onde proliferam mentiras, traições, mediocridade, hipocrisia e violência — será abolida. A família, que só serve para refrear a imaginação e coibir o livre exercício da vontade individual, precisa ser eliminada". — Michael Swift, político radical*[3]**

É justamente pela posição-chave que tem no mundo que precisamos cuidar da família, orar por ela e nos dedicarmos a ela.

Muitas vezes, a orientação homossexual é o produto de famílias cujos problemas envolvem áreas que contribuem especificamente para a confusão de identidade sexual.[4] Como mencionamos anteriormente, quando a mãe e o pai esperam que nasça o Júnior mas, em vez disso, nasce a Mariazinha, ocorre uma certa confusão de papéis, principalmente se o pai tenta transformar a menina num craque de futebol.

Nunca é demais repetir, também, que o abuso sexual é, em muitos aspectos, a pior de todas as ofensas. Na verdade, é um jogo mortal. Moças como Sarah são muitas vezes levadas ao homossexualismo, ou a uma identidade semi-homossexual (em que não há a intenção de assumir comportamento homossexual), simplesmente para se protegerem da intimidade com homens, que consideram uma ameaça intolerável. Rapazes molestados na infância às vezes desenvolvem um comportamento homossexual porque os abusos lhes ensinaram a funcionar sexualmente desta forma.

Chad teve uma conversa com Kate, depois que as notícias do acidente de Sarah começaram a ser divulgadas na escola. Os boatos ganharam nova força porque, pouco depois do aciden-

te, Tom Sanders foi preso por molestar sua filha. Como ele era um sujeito conhecido na cidade, a história virou manchete nos jornais.

Kate balançava a cabeça, com tristeza:

— Gostaria de poder dizer que estou surpresa, mas quando você me falou da Sarah, eu já sabia que uma coisa dessas estava acontecendo. Bem lá no fundo, eu já sabia.

— Como você podia saber isso? Você é alguma espécie de médium?

Kate achou graça da ingenuidade de seu amigo.

— Não, Chad, não sou médium. No máximo, Deus me deu foi uma ótima intuição. Mas o verdadeiro motivo que me levou a imaginar que isso estava acontecendo é porque algo parecido ocorreu comigo, quando era mais jovem. E eu lutei muito para conseguir superar os problemas que aquilo me causou.

— Quer dizer que você também é... lésbica? Pensei que você fosse casada!

Kate deu uma sonora gargalhada.

— Chad, você sabe que eu sou casada, e não sou lésbica. Mas quando eu era jovem, levei uma vida muito promíscua com rapazes, e depois tive muitos homens, tantos que nem sei dizer. Se eu não tivesse me convertido, não estaria viva hoje. Acredite em mim, Chad, quando me entreguei a Cristo, fui salva de muitas coisas.

— Você odeia seu pai? Eu odiaria. Isso é nojento!

— Durante algum tempo, eu o odiei, mas o Senhor me ensinou a perdoar. Porém, isso não significa que o que ele fez foi certo, ou que decidi ignorar o comportamento doentio dele. Simplesmente tive de perdoá-lo e deixar o resto com Deus. Só que então aconteceu algo extraordinário: quando eu o perdoei, pude finalmente apreciar algumas de suas boas qualidades.

— E ele pediu perdão a você?

— Não. Eu jamais o confrontei até o dia de sua morte. Mas entreguei meu passado a Deus e pedi que Ele me ajudasse a curar as feridas. Com um pouco de aconselhamento e a minha própria determinação de ser curada, hoje em dia vivo um casamento feliz e amo muito o meu marido.

Chad deu um suspiro e disse:

— Gostaria de não precisar aprender tanto. Há algumas coisas que eu nem gostaria de saber ...

— Sinto muito se acabei falando demais...

— Não, não foi isso que eu quis dizer. Fico feliz por você ter me contado; de verdade! É só que me sinto péssimo quando penso na família Sanders. Eu realmente os admirava. Cheguei até a desejar que eles fossem meus pais. Às vezes, sabe, fico com raiva dos meus pais porque eles me ignoram e me tratam como se eu fosse invisível. Mas, agora, pensando bem, talvez isso não seja tão ruim assim.

Kate olhou para o garoto, tentando aparentar que concordava com o que ele estava dizendo. Ela não teve coragem de dizer-lhe que achava sua mãe negligente, e que seu pai tinha-se tornado um irresponsável. Para não entristecer ainda mais o garoto, ela simplesmente sugeriu:

— Chad, acho que nós deveríamos orar por Sarah e seu irmão. Vamos pedir a Deus que os ajude a perdoar e os conduza à cura de seus traumas. Também poderíamos orar por seus pais, porque Deus pode fazer com que eles vejam o garoto maravilhoso que você é. Que tal? Podemos orar agora mesmo, se você quiser.

O Efeito Ondular

Pessoas como eu, que trabalham há décadas com aconselhamento pastoral, certamente já encontraram muitos garotos como Chad — rapazes e moças cujos pais simplesmente não ligam a mínima para eles. Alguns são jovens razoavelmente sadios que, de alguma forma, conseguiram sobreviver ao abandono emocional. Já outros, acabam se envolvendo em todo tipo de problemas. Também nos deparamos com garotas como Sarah, e com seus equivalentes masculinos. São as vítimas de abusos sexuais, cujas vidas foram marcadas indelevelmente pelo pecado dos outros.

Também encontramos muitos outros tipos de vítimas de problemas familiares. Já ouvimos falar, e vimos pessoalmente, jovens que escondem habilmente os hematomas e vergões de repetidos espancamentos. Encontramos outros, cujos pais vivem tão alcoolizados que é difícil imaginar como conseguem pagar as contas, ou dirigir o carro, muito menos cuidar dos filhos. Trabalhamos com moças e rapazes que perderam um dos pais, ou ambos, para o sistema penitenciário, ou o câncer, ou adultério, ou a AIDS. Temos tentado ajudar crianças perdidas que nunca receberam realmente os cuidados de um lar.

A cura das feridas familiares — quer provocadas, quer sofridas pela família — começa com cada um de nós e depois se estende, como um efeito ondular, e alcança os elementos seguintes: nossos próprios filhos e filhas, e nossos próprios pais. Em seguida, atinge também nossos amigos e conhecidos, que se beneficiam do nosso envolvimento e amor. As ondas seguem adiante e se movem em direção aos grupos de jovens e às oportunidades de aconselhamento que surgem diante de nós. Finalmente, nosso zelo pode alcançar o mundo, se tivermos o desejo de estender nossa esfera de influência. Será que os problemas que encontramos à nossa volta nos desanimam? Não, de modo algum. Ficamos profundamente entristecidos, mas sabemos que as soluções existem e estamos convictos de que Deus pode transformar até mesmo o caso mais sem esperança num glorioso exemplo de seu amor e graça.

E tudo isso provém de Deus, que... nos deu o ministério da reconciliação, isto é, Deus estava em Cristo reconciliando consigo mesmo o mundo, não lhes imputando os seus pecados, e pôs em nós a palavra da reconciliação. De sorte que somos embaixadores da parte de Cristo, como se Deus por nós rogasse. Rogamo-vos, pois, da parte de Cristo que vos reconcilieis com Deus (2 Co 5.18-20).

Mas, de onde vêm as ondas? A primeira pedrinha que jogamos é nossa decisão de pedir a Deus que perdoe os pecados que cometemos em relação a nossos pais, nossos filhos e a nós mesmos. Ao mesmo tempo, tomamos também a decisão de perdoar aqueles que nos feriram de alguma forma. Durante dias, meses, e até anos, podemos ter nos recusado a examinar determinados aspectos de nossa vida. Podemos ter em nosso coração ressentimentos ocultos em relação aos nossos pais, ou questões mal resolvidas com nossos filhos. A obra precisa começar primeiramente em nós mesmos, diante de Deus. Ele é fiel para nos mostrar os pontos que temos negligenciado. Tiago 1.5 promete que, se pedirmos sabedoria a Deus, Ele nos dará liberalmente, e não nos lançará em rosto. A única coisa que precisamos fazer é receber essa sabedoria e colocá-la em ação.

Um dos princípios básicos da vida cristã é o perdão, que será discutido mais detalhadamente no Capítulo 9. Por enquanto, basta dizer que o perdão é o remédio para famílias feridas e despedaçadas. Neste processo, deixamos de beber o cálice amargo da falta de perdão — um veneno que destrói a nós mesmos. Quando fazemos isso, estamos sendo obedientes a Deus, ainda que os ofensores e estupradores não se arrependam, nem admitam seus erros, ou sequer nos peçam perdão. Quando perdoamos nossos pais, ou filhos, e lhes pedimos que nos perdoem, jogamos a pedrinha no lago. A partir de então, as ondas se espalham e se estendem, até alcançar outras pessoas.

Examinemos agora outros padrões que parecem repetir-se nas histórias de vida de pessoas que seguem uma orientação homossexual. Se eles estiverem presentes em nossa casa, é responsabilidade nossa, diante de Deus, promover as mudanças — grandes mudanças —, em obediência à sua Palavra, à sua vontade e à sua sabedoria. Se percebermos esses padrões na vida das famílias de pessoas que conhecemos, podemos tomar algumas medidas para tentar ajudá-las também. Na próxima seção, estaremos apontando algumas situações específicas, ligadas ao ambiente familiar, que podem favorecer o surgimento da homossexualidade.

Acima de tudo, insisto com vocês para que apresentem seus filhos diante do Senhor em fervorosa oração, enquanto viverem debaixo de seu teto. Creio firmemente que esta é a maior fonte de confiança e sabedoria para a educação de nossas crianças. Nenhum livro, nem os meus, nem os de nenhum outro autor, pode fornecer conhecimento suficiente para que possamos contra-atacar todo o mal que cerca nossos filhos hoje em dia. Os adolescentes estão cercados de drogas, álcool, sexo e linguagem obscena por todos os lados. E, claro, a pressão dos colegas é imensa. Precisamos cobri-los com nossas orações diariamente. Deus, que criou nossos filhos, ouvirá nossas petições. Ele prometeu que o faria.

James Dobson

Como o Ambiente Familiar Influencia a Sexualidade

Atitudes e Estilo dos Pais

Há padrões clássicos que aparecem repetidamente nos contextos de alguns comportamentos homossexuais.[6] Esses padrões geralmente envolvem um pai fisicamente ausente ou emocionalmente distante. Também é muito comum a presença de uma mãe controladora, dominadora ou emocionalmente dependente (veja o Capítulo 7).

As agressões físicas ou verbais e o abandono emocional ou rejeição podem contribuir para a confusão sexual de um menino ou menina. Uma garota nascida numa família que desejava um bebê do sexo masculino, ou vice-versa, pode ser programada pelos pais para se identificar com os membros do sexo oposto. Muitos terapeutas de grande reputação acreditam que os indivíduos que optam por um comportamento homossexual enfrentaram dificuldades na formação de laços emocionais saudáveis com o progenitor do mesmo sexo. Discutiremos esse assunto mais detidamente no Capítulo 7.

Do lado positivo, quando os pais que se interessam sinceramente pelas atividades de seus filhos, como teatro, ciências, esportes, artes, etc., isso irá reforçar a identidade que Deus lhes deu e ajudá-los a construir uma boa auto-imagem. Por outro lado, pais que rebaixam ou denigrem a criança sem contrabalançar com uma boa dose de incentivo, farão com que ela se sinta isolada e rejeitada. No Capítulo 6, indicaremos alguns princípios para a construção de relacionamentos familiares positivos.

Abuso Sexual

O abuso sexual, incluindo o atentado ao pudor e/ou estupro, é um fator-chave no homossexualismo. Estaremos sempre voltando a essa questão devido à sua importância.

Crises da Vida

Um episódio traumático pode ser um fator desencadeante de confusão de identidade sexual num indivíduo jovem. A morte de um membro da família (especialmente o suicídio), doença, acidente, episódio violento, divórcio dos pais, ou a perda significativa de *status* socio-econômico podem desempenhar papéis importantes nos problemas de identidade sexual.

Baixa Auto-estima

Muitos jovens que são arrastados para o homossexualismo estão à procura de uma identidade que faça com que se sintam aceitos. Quando são rejeitados por seus colegas, podem assumir um comportamento extremo em busca de aceitação. Muitos jovens que lutam com problemas de identidade sexual sofrem de disfunções, algumas tão simples como miopia ou dificuldade de audição, outras mais complicadas como deformidades, problemas de fala, dificuldades de aprendizagem, ou outras condições que fazem com que sejam rejeitados socialmente ou se sintam desajustados e marginalizados. A maioria dos problemas de auto-estima começa em casa.

Uma Constelação de Causas

O Capítulo 8 procurará examinar fatores que contribuem para o homossexualismo e que se encontram não apenas no seio da família, mas fora dela.

O que Podemos Fazer?

O que podemos fazer diante desses fatores? Não importa se somos pais, pastores de jovens, conselheiros, ou simplesmente "um amigo da família", a primeira coisa que devemos fazer é assumir uma atitude amorosa de aceitação. *A ausência de amor e de aceitação é um dos principais fatores em qualquer tipo de comportamento aditivo ou autodestrutivo, incluindo o homossexualismo.*

O passo seguinte é identificar problemas específicos e determinar, realisticamente, como podemos ajudar. É necessário ter uma grande sensibilidade e um desejo sincero de tornar a vida melhor — e não pior — para o jovem envolvido. É claro que não nos dirigiremos aos pais, dizendo: "Olha, se vocês não começarem a fazer a parte de vocês direito, seu filho (ou filha) vai virar homossexual". Também não podemos dizer para um garoto ou garota que estamos "preocupados com suas tendências homossexuais". Então, o que podemos fazer? Será que os problemas que estamos observando podem ser discutidos com certa tranqüilidade e prudência com os pais do jovem envolvido? No caso de abuso sexual ou maus-tratos, há etapas específicas que devem ser cumpridas, tanto legal quanto moralmente. As informações que damos a seguir são essenciais nos casos em que alguém lhe confidencia relatos sobre abusos de ordem sexual ou maus-tratos de um cônjuge ou outro membro da família. Elas foram escritas especialmente para os que lidam com jovens, mas podem ser de grande ajuda para qualquer um que tenha de enfrentar uma confidência dessa natureza.

Quando Alguém Confia em Você

Se você fala constantemente sobre abusos sexuais, mais cedo ou mais tarde alguém virá procurá-lo para pedir ajuda. Você terá tocado num assunto que está sempre na mente da pessoa que sofre esse tipo de problema. Pessoas maltratadas lidam com seus dramas secretos a cada sermão, a cada novo relacionamento, em cada atividade de sua vida. Aqui estão seis princípios que podem ser úteis quando e se vierem procurá-lo:

1. Acredite no que ouvir. Poucas pessoas mentem a respeito de abusos sexuais. Ocasionalmente surgem histórias falsas, mas a maioria é verdadeira. Parta da premissa de que o que lhe está sendo contado é verdade, até prova em contrário.

2. Ouça com atenção. Deixe que a pessoa conte sua história sem pressa. Esclareça os pontos obscuros, mas não interrogue. Pessoas que sofrem abusos precisam de um ouvinte atencioso. Se você tiver passado por uma experiência semelhante, pode partilhá-la com seu interlocutor, mas não tome o tempo da pessoa dando muitos detalhes de seu próprio caso. A pessoa agredida precisa falar.

3. Dê apoio. As vítimas de abusos sexuais que contam seus traumas precisam de apoio. Elas precisam ouvir que você acredita nelas, que se importa com elas e que irá ajudá-las. Além disso, elas precisam do seu tempo. Se Deus confiou a você uma dessas almas preciosas, você precisa estar disponível. Quando estiver ouvindo a história, evite dizer coisas como "Que burrice!" ou "Você deveria ter tomado mais cuidado". Não faça críticas! Pessoas que sofreram abusos não precisam ser lembradas de seus erros ou de suas decisões impensadas.

4. Reconheça a necessidade de cuidados na área emocional ou médica. Enquanto a pessoa estiver contando sua história, não negligencie as necessidades de cuidados médicos ou de apoio na área emocional. Talvez ela precise imediatamente da ajuda de um médico ou de outro profissional.

5. Descubra os recursos disponíveis na própria comunidade. Tenha sempre à mão números de telefone de centros de apoio a casos de estupro, clínicas de saúde mental, hospitais e centros de apoio à mulher em universidades e outras entidades locais. Não tente lidar com o problema sozinho.

6. Não guarde segredo. Nunca é demais repetir: você não pode lidar com esse tipo de problema sozinho! É um grande erro não denunciar os casos de abuso sexual às autoridades. Providenciar para que a vítima seja atendida pelos órgãos competentes é a primeira coisa a fazer. Na maioria dos estados,[7] a lei exige que os casos de abuso sexual ou maus-tratos físicos sejam notificados à polícia. Diga-lhe que você pretende denunciar o crime e que irá ajudá-la a enfrentar todas as etapas. Tenha sempre em mente que vítimas de abuso estão mais vulneráveis e dispostas a falar sobre o ocorrido durante as quarenta e oito horas seguintes. Após este período há uma tendência a que queiram voltar atrás. Deixe que as autoridades competentes cuidem dos aspectos legais e psicológicos, e atue apenas como um amigo ou conselheiro pastoral. Como o sistema nem sempre é perfeito, se quiser, consulte um terapeuta ou conselheiro cristão, porém, de uma forma geral, guarde segredo. Se optar por não informar o ocorrido às autoridades, você estará provavelmente dificultando o processo de cura e, talvez, infringindo a lei.[8]

Passos na Direção Certa

Uma vez que tenhamos dedicado o tempo necessário a refletir e a orar sobre nossas possíveis ações, palavras, ou outras formas de envolvimento, há algumas coisas positivas e úteis que podemos fazer.

1. Podemos convidar o jovem para passar um tempo com nossa família, para que ele tenha a oportunidade de observar modelos de comportamento adequados num ambiente caloroso, onde se sinta querido e apoiado.

2. Podemos reforçar papéis sexuais saudáveis através de elogios, atividades específicas (por exemplo, treinando os garotos em esportes corpo a corpo; dando dicas ou até ajudando as garotas na compra de roupas e acessórios femininos). É importante também que saibam do nosso carinho por eles através de conversas pessoais e de nossas orações. Devemos estar sinceramente interessados em tudo o que prender sua atenção.

3. Podemos sugerir, oferecer (se estivermos qualificados para isso), ou até mesmo financiar sessões de aconselhamento profissional, se necessário. Para os que estiverem enfrentando problemas familiares sérios, ou passando por um momento de crise na vida (morte, suicídio na família, divórcio ou doença), é mais indicada a ajuda de um profissional.

4. Devemos assegurar que o jovem receba todo e qualquer cuidado médico de que necessitar.

5. Podemos estimular a inclusão do jovem na nossa própria família, na igreja, no grupo de jovens, ou em muitos outros ambientes sociais que possam proporcionar-lhe apoio emocional.

6. Podemos orar. Deus responde às orações, e até mesmo aqueles que não têm muita habilidade em lidar com jovens podem dar suporte a outros, através de suas orações intercessórias.

Nada façais por contenda ou por vanglória, mas por humildade; cada um considere os outros superiores a si mesmo. Não atente cada um para o que é propriamente seu,

mas cada qual também para o que é dos outros. De sorte que haja em vós o mesmo sentimento que houve também em Cristo Jesus (Fp 2.3-5).

Sempre que Kate vinha tomar conta de Chad, os dois oravam pela família Sanders. Após algumas semanas, Sarah voltou à escola, mas fechou-se em si mesma, e a maioria dos alunos passou a evitá-la devido aos boatos que se espalharam durante o período de sua recuperação.

Numa certa tarde, Chad pediu a opinião de Kate sobre uma idéia que andava rondando sua cabeça.

— O que você acha de convidarmos Brian e Sarah para irem à igreja? Sei que a reabilitação de Sarah foi feita num programa cristão de "doze passos"; foi ela mesma quem me disse. Também acho que Brian iria gostar do ministério de louvor, porque ele toca guitarra.

Kate ficou um pouco indecisa sobre a idéia de Chad, pois sabia que os Sanders tinham-se isolado de todos após a prisão do pai e havia uma grande possibilidade de que Sarah e Brian não aceitassem o convite. Kate receava que Chad se sentisse rejeitado com uma resposta negativa dos dois, e essa era a última coisa de que ele precisava. Por um momento, ela ficou sem saber o que responder, mas, por fim, concordou.

— Acho que é uma ótima idéia, Chad, mas eles podem estar se sentindo mal com tudo isso. Então, não fique chateado se eles recusarem o convite.

— Eu sei. Também já pensei nisso.

Chad falou primeiro com Brian e, quando ele aceitou e disse que gostaria de ouvir o louvor, Chad tomou coragem para falar com Sarah.

— Seu irmão vai visitar minha igreja no domingo; eu o convidei para ouvir o ministério de louvor. Você não gostaria de vir também? Talvez, depois, a gente pudesse sair para almoçar... ou fazer outra coisa qualquer.

— Tem certeza que você não se importa de ser visto com os filhos dos Sanders? — perguntou Sarah, examinando cuidadosamente a expressão de Chad.

— Pensei que vocês é que não gostariam de ser vistos com um garoto do segundo ano....

Sarah esboçou um sorriso e disse:

— Acho que estar no segundo ano é quase tão ruim quanto estar na minha pele. De qualquer modo, se o Brian for, eu vou. Eu e ele precisamos mesmo ficar juntos.

— Eu, ah... Queria que você soubesse que estou orando por vocês desde o início disso tudo. Minha família também tem uns problemas, então eu... entendo um pouco o que vocês estão passando. Seja como for, vou ficar feliz se vocês forem à igreja no domingo.

Quando Chad e Kate se encontraram novamente, oraram a Deus, pedindo que Ele removesse todas as barreiras para que Sarah e Brian pudessem ir ao culto. Também oraram para que os dois irmãos tivessem um encontro com o Senhor e se rendessem a Ele, passando a fazer parte da família de Deus.

— Não sabemos o que vai acontecer — disse Kate a Chad com um sorriso, — mas é um bom começo.

Chad concordou e disse:

— Alguém precisa fazer alguma coisa para ajudar. Sinceramente, eu não gostaria de estar no lugar deles. Uma família que parecia tão perfeita... É triste, não é?

— É a coisa mais triste deste mundo.

O lar cristão é assim:
A soberania de Deus forma as paredes e o teto,
Seu firme fundamento é a Verdade,
A esperança é a janela por onde se olha o futuro,
A luz e o calor vêm do amor,
A fé é o ar que se respira,
A alegria decora o ambiente, e
A misericórdia é a porta aberta para o mundo.[9]

Capítulo Três

Homossexualismo: Comportamento Inato ou Adquirido?

Quando a turma começou a discutir sobre homossexualismo, Stephanie levantou a mão imediatamente:

— Por que as pessoas fazem tanta onda com o homossexualismo? — perguntou ela impaciente — A gente não deveria nem discutir esse assunto, porque as pessoas são gays ou não são. Ou a pessoa nasce assim, ou não nasce. É tudo muito simples e sem complicação. Então, por que tanta onda?

Mas Andrew balançou a cabeça enfaticamente:

— Você está errada, Stephanie. Ninguém nasce gay. As pessoas escolhem. É como tudo na vida: a gente escolhe o que quer ser, seja bom ou mau. Depende de cada um, e ninguém toma a decisão por outra pessoa.

Stephanie e Andrew nunca haviam se dado muito bem, e agora que ele tinha se colocado contra ela, sua irritação aumentou bastante.

— Olha, Andrew, meu irmão é gay, certo? Ele diz que, desde pequeno, sempre soube que era gay. Sei que ele não mentiria sobre uma coisa dessas. Então, é verdade.

— E daí se ele começou cedo? Isso não quer dizer que nasceu assim. O que eu acho é que as pessoas que dizem isso só estão arranjando uma desculpa...

Stephanie respondeu imediatamente, e sua voz demonstrava claramente o quanto ela estava alterada:

— Desculpas por quê? Por ser como é? Ele não precisa se justificar de nada. Amo o meu irmão e, na minha opinião, ele é melhor do que...

O professor viu que os ânimos estavam ficando exaltados e interrompeu a discussão:

— Já chega, turma! Nada de levar as coisas para o lado pessoal. Acho que vocês dois têm muita coisa interessante a dizer, e gostaria de continuar discutindo o assunto, mas vamos manter a calma e tratar a questão de maneira objetiva. Quantos de vocês já ouviram dizer que a homossexualidade é genética?

Quase toda a turma levantou a mão. O professor olhou para eles e continuou.

— E quantos já ouviram dizer que as pesquisas que apoiam essa teoria foram questionadas e que praticamente todas elas hoje são consideradas inconclusivas?

Stephanie interrompeu novamente:

— Mas é claro que foram questionadas, porque há um monte de homófobos por aí que simplesmente se recusam a aceitar os fatos.

— Stephanie, você tem razão quando diz que devemos examinar os fatos. Isso é um dado. Mas não vamos tirar conclusões precipitadas sobre quais são, realmente, os fatos.

Andrew tornou a levantar a mão e disse:

— Eu só tenho uma pergunta a fazer: como a homossexualidade pode ser genética se Deus diz que isso é um comportamento errado?

Stephanie ficou em pé, olhou para toda a turma como se estivesse a ponto de agredir Andrew ali mesmo, e disse:

— Você acha que é mesmo um sabe-tudo, não é? Como é que isso pode ser errado, se foi Deus quem fez as pessoas assim?

Quando o professor ia interromper de novo, a campainha tocou.

— Ótimo! — disse um dos alunos. — Isso ajudou muito. Agora eu sei menos do que eu sabia antes, se é que isso é possível!

Desde os meados da década de 1980, a idéia de que a homossexualidade é uma condição inata tem sido amplamente divulgada, com base em cinco estudos científicos. Quase toda a mídia do país destacou os dados apresentados nessas pesquisas que implicassem a possibilidade de existir um motivo biológico para o homossexualismo. Os resultados publicados despertaram grande interesse e entusiasmo, e as pesquisas foram aclamadas como grandes avanços científicos.

No entanto, como freqüentemente acontece, essas mesmas pesquisas começaram a enfrentar críticas acerca da exatidão, autenticidade e metodologia empregadas, mas, dessa vez, o entusiasmo da mídia foi bem menor em acompanhar o desenrolar do caso. Mesmo ao publicarem alguma matéria sobre os debates, o texto vinha recheado de informações técnicas complicadas e aparecia nas últimas páginas dos jornais. O rádio e a TV ignoraram solenemente a maioria dessas notícias.

A conseqüência dessa cobertura míope é que muitos leitores ficaram com uma idéia falsa sobre o assunto, principalmente os que não têm o hábito de ler grandes porções de texto. Finalmente, a impressão que se tem é de que os cientistas haviam provado, sem nenhuma sombra de dúvida, que a homossexualidade é determinada pelo DNA ou por alguma variação na estrutura do cérebro. Na realidade, a evidência é inconclusiva e há um grupo cada vez maior de críticos defendendo a tese de que as evidências provam o contrário.[1]

Diz a sabedoria popular que não se deve acreditar em tudo o que dizem os jornais e a TV... Além disso, as pesquisas

científicas são impressas com tinta, e não gravadas em pedra. — *John Harvey*[2]

....

Devemos ter em mente que, enquanto as pessoas procurarem explicações psicológicas e genéticas para o homossexualismo, relatórios de pesquisas continuarão a aparecer nas manchetes. Também vale a pena lembrar que, quando essas teorias são desacreditadas por novas pesquisas, as novas descobertas nunca recebem o mesmo destaque dos "revolucionários" resultados originais.

Cinco Histórias Diferentes

Como já mencionamos anteriormente, através de cinco estudos fundamentais o grande público foi levado a acreditar na origem genética do homossexualismo. Para que o leitor possa ter uma visão geral do que foi dito, faremos uma resumida análise de cada um deles. Todos esses relatórios envolvem complicados detalhes biológicos e termos técnicos pouco conhecidos, de modo que procurei simplificá-los ao máximo. Tentarei explicar, da forma mais simples possível, as informações básicas contidas nestes relatórios e algumas das conclusões que deles podem ser tiradas.[3]

Estudo 1

Em 1991, um especialista em neurobiologia chamado Simon Le Vay realizou uma pesquisa que comparava o tamanho dos cérebros de homossexuais do sexo masculino com os de heterossexuais de ambos os sexos. Foram estudados seis mulheres, dezesseis homens presumivelmente heterossexuais, e dezenove homens reconhecidamente homossexuais. A pesquisa determinou que uma parte específica do hipotálamo (uma seção que tem relação com o estímulo sexual, o controle da temperatura corporal, o sono e a raiva) parecia ser maior nos homens heterossexuais do que nos homossexuais e nas mulheres. Esta região específica parecia ser menor nos homens reconhecidamente homossexuais.

O estudo de Le Vay observou um número muito reduzido de indivíduos e foi criticado por outros cientistas, alguns dos quais questionaram a possibilidade de que alguns dos homens supostamente heterossexuais estudados fossem, na verdade, vítimas da AIDS.[4] O próprio Le Vay afirmou que "... a orientação sexual de humanos pode ser estudada a nível biológico... outras interpretações dos resultados devem ser consideradas como especulação". Porém, apesar das afirmações do próprio Le Vay, a pesquisa foi amplamente divulgada como sendo uma "prova" do caráter inato do homossexualismo. As críticas levantadas pela comunidade científica não foram publicadas.

Estudo 2

No ano seguinte, 1992, Laura Allen e Robert Gorski estudaram o tamanho de uma outra parte do cérebro. Eles examinaram cerca de duzentos cérebros necropsiados e descobriram que havia uma diferença entre homens homossexuais e homens e mulheres heterossexuais, com relação ao tamanho da comissura anterior. Embora, ao que se saiba, essa parte do cérebro não tenha nenhuma ligação com a função sexual, os pesquisadores elaboraram uma hipótese de que ela poderia ter um impacto global na função cognitiva. Isso, pensaram eles, poderia afetar a orientação sexual.

Um dos problemas com este teste foi a grande variabilidade nas dimensões da fenda dentro de cada grupo. Por exemplo, as medidas das comissuras anteriores de algumas mulheres eram três vezes maiores que as de outras, de modo que as diferenças apontadas só surgiam quando se consideravam valores médios. Também foi questionado o efeito do vírus da AIDS nos cérebros analisados, já que essa síndrome afeta freqüentemente o tecido cerebral e poderia afetar, também, o seu tamanho.

Da mesma forma que o trabalho de Le Vay, o estudo de Allen e Gorski foi divulgado nas primeiras páginas dos jornais. Quanto às críticas subseqüentes, a maioria delas vinda da própria comunidade científica, quase não foram mencionadas.

A orientação sexual não é como um sinal de nascença, uma marca exterior que pode ser verificada facilmente. Ao contrário: ela faz parte da consciência subjetiva que temos de

nosso próprio "eu". Por definição, isso é algo que não pode ser determinado sem que a própria pessoa o revele.

DAVID LINK[5]

Estudo 3

Também em 1991, J. M. Bailey e R. Pillard realizaram outro estudo bem conhecido para verificar uma possível razão genética para o homossexualismo. Eles entrevistaram 56 homossexuais masculinos que tinham gêmeos idênticos, 54 homossexuais masculinos que tinham gêmeos fraternos e 57 homossexuais masculinos que tinham irmãos adotivos. Foi verificado que 52% dos gêmeos idênticos também eram homossexuais, contra 22% dos gêmeos fraternos e 11% dos irmãos adotivos.

Embora este estudo apontasse que havia uma porcentagem maior de homossexuais entre os gêmeos idênticos, essa percentagem era apenas ligeiramente maior que a metade. Isso significa que quase a metade dos gêmeos eram heterossexuais. Como os gêmeos idênticos compartilham o mesmo código genético, o que esse teste parece mostrar de forma mais conclusiva é que *não há* uma causa genética para o homossexualismo. No entanto, esse estudo sobre os gêmeos foi alardeado como uma outra razão para se acreditar que a homossexualidade é inata.

Estudo 4

Outro estudo que teve grande repercussão na mídia foi realizado em 1993 por Dean Hamer. Esta pesquisa examinava o DNA, concentrando-se em marcadores específicos numa região do cromossomo X. Foram investigados 40 irmãos homossexuais e, em 33 deles, foram encontrados os mesmos marcadores genéticos, indicando, assim, que o DNA determinava a homossexualidade. É claro que o fato de haver 7 irmãos que *não tinham* os mesmos padrões genéticos lançou dúvidas sobre os resultados. Como escreveu John Harvey, "Se a pesquisa de Hamer identifica uma base genética para a homossexualidade, como é que sete dos quarenta pares de irmãos não apresentam esse padrão?".[6]

Outra cientista, a Dra. Ruth Hubbard, fez críticas ao experimento de Hamer porque ele não usa um grupo de controle. Testes posteriores, semelhantes ao de Hamer, realizados pelo geneticista canadense George Ebers, não encontraram nenhuma ligação entre a orientação sexual e os marcadores genéticos em questão.

Estudo 5

Finalmente, em 1995, o pesquisador H. Meyer-Bahlburg, especialista em hormônios, investigou o efeito da exposição intra-uterina a um estrogênio sintético conhecido como DES, que comprovadamente interfere na produção normal de estrogênio. O objetivo do teste era determinar se a exposição pré-natal ao DES tinha algum efeito sobre a orientação bissexual ou homossexual. Foram comparadas mulheres expostas ao DES com suas irmãs que não haviam recebido o hormônio ou com outras mulheres sem relação de parentesco com as primeiras, e que também não tinham recebido a substância.

A mídia noticiou amplamente que as mulheres que haviam recebido o DES apresentavam uma incidência maior de sonhos e fantasias homossexuais, bem como de atração e envolvimento homossexual. O que não foi dito, entretanto, é que a maioria das mulheres era bissexual, e não homossexual, e que a maior parte dos relatos falava de fantasias e não de relações sexuais consumadas. Os próprios pesquisadores concluíram que há muitos fatores diferentes, tanto biológicos quanto sociológicos, que influenciam a orientação sexual.

A publicação homossexual The Advocate perguntou aos seus leitores:"Você acha que a orientação sexual é variável ou se mantém fixa durante toda a vida de uma pessoa?".Apenas 46% responderam que era fixa — eles já haviam nascido assim. Outros 41% disseram que era variável, e 13% declararam:"Todos somos bissexuais". Mais da metade dos que responderam à pesquisa afirmaram que a orientação sexual é uma questão de escolha.[7]

Já vimos que muitos fatores diferentes influenciam o homossexualismo, e todos estamos cientes de que alguns deles são biológicos. Contudo, não existe um "terceiro sexo" determinado por genes e cromossomos. Então, que diferença pode fazer a genética, afinal? Jeffrey Satinover faz a seguinte comparação:

> Nenhum gene carrega em si um código que determine se uma pessoa será um jogador basquete ou não. Mas alguns genes codificam informações acerca da altura e compleição física, tais como reflexos rápidos, estrutura óssea favorável, relação peso-altura, força muscular e velocidade de recuperação, energia e eficiência do metabolismo, etc. Se uma pessoa nasce com uma combinação de caracteres físicos favorável para o basquete, isto não quer dizer, de forma alguma, que ela esteja geneticamente programada para se tornar um jogador de basquete. Estas qualidades, entretanto, certamente facilitarão a escolha. Conseqüentemente, a opção por jogar basquete tem um nítido componente genético...[8]

É nesse sentido que a homossexualidade pode resultar de um conjunto de fatores, e é exatamente por isso que ela pode ser evitada.

Ao chegar em casa, Stephanie ainda estava fumegando de raiva por causa das discussões durante a aula.

— Aquele Andrew é um idiota! — disse ela à mãe. — Ele disse que os homossexuais são assim porque querem. Dá pra acreditar?

— Bem, alguns homossexuais concordam com ele — explicou a mãe de Stephanie. — Há muitos gays e lésbicas por aí que não acreditam que não têm opção a respeito de sua sexualidade.

— Não entendo isso. Se eles não precisam ser gays, por que querem ser?

— É exatamente esse tipo de postura que eles rejeitam. Eles acham que ser gay é uma boa escolha, e não querem ser vistos como vítimas, como se tivessem um defeito de nascença ou outra anormalidade qualquer.

— Mas o Jake não diz sempre que já nasceu assim? Foi isso que ele me disse.

— Stephanie, a história é um pouco mais complicada do que você pensa. Jake será o primeiro a dizer a você que as pessoas

têm muitas razões diferentes para se envolverem na comunidade gay. Afinal, estamos falando de cerca de dez por cento da população.

— Dez por cento? Isso é um bocado de gente, mãe. Tem certeza que é isso tudo?

— É o que dizem, dez por cento. Mas, pensando bem, não sei como eles chegaram a este número. Acho que é só uma idéia que as pessoas têm.

Todos Estão Fazendo Isso

Muita gente com bom nível de informação, no mundo ocidental, tem idéias erradas sobre o homossexualismo. Assim como a mãe de Stephanie, essas pessoas foram levadas a crer que 10% da população é composta de homossexuais. Esta percentagem surgiu no famoso relatório de Alfred C. Kinsey, publicado em 1948, sob o título *Sexual Behavior in the Human Male* (Comportamento Sexual do Macho Humano). O relatório de Kinsey foi o primeiro estudo profundo da sexualidade humana e representou um marco que mudou para sempre a opinião popular sobre o comportamento sexual dos americanos.

Embora a pesquisa de Kinsey ainda seja citada como uma fonte confiável de informação bem documentada, ela tem alguns problemas sérios. Em primeiro lugar, um quarto dos pesquisados eram prisioneiros ou ex-presidiários, alguns dos quais condenados por crimes sexuais. Está claro que essa amostra não representa a população masculina americana.

Mais recentemente, as excentricidades sexuais do próprio Kinsey foram pesquisadas e divulgadas, revelando que ele também era homossexual. Durante décadas, Kinsey esteve envolvido em bizarros comportamentos sexuais experimentais. Embora fosse casado e pai de filhos, ele era um aventureiro e excêntrico sexual, que tinha particular atração pelo sadomasoquismo. O interessante é que, no prefácio do primeiro livro de Kinsey, Alan Gregg, da Fundação Rockefeller, afirmou que aquele trabalho era "isento de qualquer tendenciosidade moral ou preconceito". Nada poderia estar mais distante da verdade.[9]

Pode parecer que a porcentagem de homossexuais entre a população é um dado insignificante. Que diferença faz se a porcentagem de americanos homossexuais é de 1% (que pode ser um número mais próximo da realidade[10]) ou 10%? Talvez isso não seja importante para a maioria dos adultos, mas nossa preocupação é a prevenção do homossexualismo entre adolescentes, e uma estatística desse tipo pode fazer uma diferença significativa para um jovem que esteja em luta com tendências homossexuais. Quanto menos pessoas estiverem envolvidas, menos "normal" parecerá o estilo de vida do homossexual para um observador externo. Embora alguns membros da comunidade *gay* sejam bastante eloqüentes, na verdade eles representam um grupo bem pequeno de pessoas.

Os indivíduos jovens provavelmente são mais influenciáveis pela mídia do que qualquer outro segmento da população, e não são apenas fatos imprecisos e estatísticas que os enganam. Eles são bombardeados por músicas, vídeos, filmes e entrevistas com celebridades que lhes dizem, repetidamente, que qualquer forma de sexualidade é perfeitamente aceitável e normal para eles. O jeito pervertido de Dennis Rodman, o lesbianismo evidente de K. D. Lang, a exibição pública de Ellen Degeneres, a espantosa androginia de Michael Jackson, o "finalmente saudável" homossexualismo de Elton John — a lista é longa e a exposição a indivíduos sexualmente não ortodoxos é implacável. Os adolescentes devem pensar que pelo menos metade da população vive uma sexualidade "alternativa".

MITO POPULAR: O homossexualismo é genético — algo como um terceiro sexo.

Pense nisso: As tendências homossexuais se desenvolvem em função de uma série de circunstâncias complexas que se apresentam na vida de uma pessoa, desde o seu nascimento até os primeiros anos da infância. Mais tarde, essas tendências desempenham um papel importante nas escolhas do indivíduo quanto a sua vida sexual. Como todo comportamento sexual é aprendido, uma pessoa pode se sentir inclinada ao comportamento homossexual por causa de sensações que experimentou na infância. Além disso, uma série de fatores pode motivar sua opção, como rejeição social, dificuldades físicas ou emocionais, desequilíbrios hormonais, abusos sexuais, ou falta de modelos adequados. Da mesma forma que pessoas cujas tendências ao alcoolismo são responsáveis pelas opções que fazem em relação à bebida, pessoas que têm tendência ao comportamento homossexual são responsáveis por suas opções sexuais.

Um número cada vez maior de porta-vozes da comunidade homossexual tem rejeitado a idéia de que "já nasceram assim". O violinista folclórico Ashley Mac Isaac afirma: "Para mim, o homossexualismo é um comportamento aprendido. Não acho que possa ser uma característica genética. Nós nascemos para nos reproduzirmos de modo que a vida continue".[11]

A escritora lésbica Jennifer Terry relata o seguinte: "Um assistente social gay que trabalha com adolescentes disse-me recentemente que a teoria de que a biologia traça o destino pode ser fatal. Para muitos adolescentes gays, a idéia de que o desejo homossexual os 'aflige' como uma espécie de doença ou defeito biológico, em vez de ser simplesmente uma questão de escolha, pode contribuir para que eles prefiram o suicídio ao invés de viver num mundo que é hostil aos seus desejos".[12]

Essas declarações refletem a opinião do psiquiatra e escritor Charles Socarides, que afirma: "... Não fazemos nenhum bem aos homossexuais quando dizemos que os seus graves distúrbios de desenvolvimento psicossexual são uma questão orgânica. Isso os condena a uma vida à margem da realidade biológica e social que os cerca".[13]

Embora devamos sempre enfatizar nosso amor cristão em relação aos outros, precisamos também lembrar a nós mesmos, e àqueles que amamos, que Deus fez algumas afirmações bem claras a respeito da sexualidade. Para resumir esse ponto de vista basta dizer que Deus criou o sexo para ser realizado entre um homem e uma mulher, casados um com o outro. Ele criou a sexualidade com o objetivo principal da procriação, mas também a criou para dar prazer. Assim, não há alternativas dentro dos limites impostos pela Palavra de Deus (1 Co 6.9-11).

Uma vez estabelecido que a homossexualidade não é uma característica genética, surge a questão das escolhas. Já que estamos falando sobre adolescentes, o assunto de ter que tomar decisões sensatas e responsáveis não é exatamente um tópico novo. Provavelmente, todos nós já conversamos com um adolescente a respeito de drogas, álcool, direção segura, sexo antes do casamento e distúrbios alimentares. Numa linha semelhante, e por muitas razões similares, também precisamos discutir o assunto das escolhas acertadas no contexto da identidade sexual e homossexualidade.

Andrew ainda estava furioso por causa do confronto com Stephanie. O que mais o espantava era a ignorância dela. Andrew fora criado num lar cristão e freqüentava a igreja desde pequeno. Com certeza ele sabia distinguir o certo do errado. No que lhe dizia respeito, nada ofendia mais a Deus do que o homossexualismo.

Naquela tarde, quando chegou em casa, o telefone estava tocando. Era sua namorada, Cara, que estudava num outro colégio, mas freqüentava a mesma igreja que ele. Andrew começou a contar a discussão que tivera com Stephanie, mas foi interrompido por Cara, que parecia bastante agitada.

— Adivinhe só! Meus pais vão estar fora por dois dias. Eles foram para o aeroporto há meia hora. Por que você não vem até aqui? A senhora que vai ficar aqui comigo só chega às sete.

Andrew saiu praticamente voando pela porta afora. Ele e Cara quase não tinham oportunidade de ficar sozinhos, e ele estava mais do que pronto para tirar vantagem da ausência dos pais dela. Quando Andrew chegou à casa da namorada, ela estava de maiô e ele não conseguia tirar os olhos dela. Como ela estava maravilhosa!

— Que tal irmos para a banheira de hidromassagem? — perguntou ela, sorrindo. — O dia está perfeito para isso.

Não fazia mais de cinco minutos que eles estavam entre as bolhas mornas quando começaram a beijar-se, e depois vieram os carinhos e, bem, uma coisa leva a outra. Depois de uma hora, Andrew e Cara já estavam excitados demais para conseguirem parar e, pela primeira vez na vida, mantiveram relações sexuais.

Naquela noite, Andrew estava muito quieto, e seus pais perguntaram qual era o motivo do silêncio.

— Ah, eu estou só chateado por causa de uma discussão que tive na escola — despistou ele.

— Que discussão? — perguntou o pai, curioso.

— Bem, o irmão da Stephanie é gay, e ela estava tentando nos convencer de que a homossexualidade é genética; que as pessoas nascem assim. Eu disse a ela que Deus afirma que isso é errado e que, portanto, não existe essa história de dizer que não se pode evitar. É pecado e ponto final. Certo?

— Certo, é pecado. E eu acho que, se há uma coisa que é genética, é a inclinação do homem para o pecado. Faz parte da nossa natureza, mas isso não significa que não se possa fazer nada a respeito. Não importa qual seja o pecado: roubo, mentira, sexo fora do casamento, ou homossexualismo, tudo isso é pecado, e Deus espera o melhor de nós.

— Pai, você não está querendo dizer que homossexualismo é a mesma coisa que sexo antes do casamento, não é?

— As conseqüências podem ser diferentes, mas, no que diz respeito a Deus, um pecado não é melhor nem pior que o outro. Tiago 2.10 diz: "Porque qualquer que guardar toda a lei e tropeçar em um só ponto tornou-se culpado de todos".

— Sério?

— Sério.

Andrew baixou os olhos. Ele não se atrevia a encarar os pais. Para a mãe, ele era como um livro aberto. E, quanto ao pai, se ele imaginasse o que tinha acontecido naquela tarde...

— Interessante... Bem, vou para o meu quarto fazer o trabalho de casa... — disse Andrew sumindo rapidamente e fechando a porta atrás de si.

Todo o prazer da experiência com Cara havia desaparecido, e ele se sentia culpado e amedrontado.

— Pelo menos, não sou gay — disse ele com seus botões.

Mas, por algum motivo, depois do que seu pai havia dito, nem mesmo essas palavras conseguiam confortá-lo.

Se não reconhecermos que todos nós precisamos da graça e da cura de Deus na área sexual, continuaremos a fazer com que os homossexuais e outras pessoas não nos escutem, porque só conseguiremos transmitir-lhes o nosso próprio o medo e repulsa, e não o amor de Deus e o reconhecimento de que também somos necessitados. — Thomas E. Schmidt[14]

A Verdade sobre as Conseqüências

Assim como Andrew, a maioria das pessoas não coloca o homossexualismo na mesma categoria que o sexo pré-marital. Embora alguns pecados pareçam ser menos danosos que outros, a Bíblia afirma que o resultado final de todo pecado é a morte (Rm 6.23). É verdade que a expectativa de vida de um jovem homossexual é muito menor do que a de um heterossexual da mesma idade (veremos mais sobre isso no Capítulo 5). A taxa de suicídios entre os homossexuais é mais alta do que entre os heterossexuais, e as mortes devidas a doenças e violência são mais comuns entre eles. Se nos preocupamos com os perigos do fumo e de outras substâncias, deveríamos também nos preocupar com os riscos de morte inerentes ao comportamento homossexual.

Entretanto, a probabilidade de uma morte resultante do sexo fora do casamento também existe, principalmente para uma criança que não chega a nascer por causa de um aborto. O sexo pré-marital também pode pôr em risco a vida da mãe, se esta não estiver em condições adequadas para enfrentar uma gravidez e um parto. Filhos de mães solteiras, particularmente as adolescentes, também estão mais sujeitos a maus-tratos, devido às imensas dificuldades de ordem emocional e financeira. Afora todos esses riscos no plano físico, há ainda os incontáveis sonhos que morrem em meio a uma gravidez adolescente não planejada. Até mesmo a alegria do nascimento de um bebê fica obscurecida pela tristeza de perceber que houve grandes perdas.

A falta de amor para com os "pecadores" — o tipo de comportamento legalista que Andrew demonstrou em relação ao irmão de Stephanie — é, obviamente, um comportamento ímpio e também tem seus riscos. Um cristão que rejeita um jovem por causa de seus traços homossexuais, maneirismos, ou outras tendências, está mandando esta pessoa de volta para um mundo que oferece poucas opções seguras e corretas. A próxima parada desse jovem rejeitado pode ser a comunidade homossexual. Para a pessoa que está com problemas, seja ela homossexual ou não, a rejeição dos crentes geralmente representa a rejeição de Deus, e pode fazer com que ela se afaste de Cristo e da Igreja de uma vez por todas.

Gálatas 6.7 diz: "Não erreis: Deus não se deixa escarnecer; porque tudo o que o homem semear, isso também ceifará. Porque o que semeia na sua carne da carne ceifará a corrupção; mas o que semeia no Espírito do Espírito ceifará a vida eterna". De acordo com essa passagem, o nosso comportamento tem conseqüências. Isto não significa que Deus nos castiga, e nem que Deus não perdoa os nossos pecados, mas sim que existem efeitos inevitáveis resultantes das opções que fazemos.

Deixe-me dar um exemplo que esclarece bem a questão. Quando eu era jovem, fui avisado várias vezes para não pôr a mão na maquinaria da fazenda quando estivesse ligada, mas descobri que conseguia acabar o serviço mais depressa se deixasse tudo funcionando enquanto jogava os grãos lá dentro. Mesmo tendo sido avisado tantas vezes, eu continuava fazendo o contrário para "ganhar tempo". Até que, um dia, prendi um dos dedos na máquina e ele foi decepado na hora. A dor foi horrível. Embora ninguém tenha me repreendido, nem me passado nenhum sermão, o fato é que meu dedo estava perdido para sempre. Aquilo não foi "castigo", e sim a conseqüência da minha recusa em seguir um bom conselho e obedecer às regras que foram criadas para a minha proteção e segurança. Embora eu tenha sido perdoado e tratado com amor, não cresceu outro dedo em minha mão.

Tratando do Assunto com Humildade

Antes de começarmos a ensinar sobre responsabilidade sexual a outras pessoas, é melhor fazer um exame interior. Será que nossa própria vida sexual está em conformidade com os padrões bíblicos estabelecidos por Deus? Somente Deus sabe quantos de nós já cometemos algum pecado na área sexual, seja em pensamentos, palavras ou intenções. Se de alguma forma temos tido um comportamento inadequado a um cristão, a primeira coisa que precisamos fazer é nos arrependermos — dar meia-volta — e pedir perdão a Deus, buscando no Espírito Santo e na Palavra a força para vencermos as tentações (Sl 119.59,60). É claro que isto nos tira de uma posição de superioridade e nos conduz à humildade, e esta é a única posição a partir da qual podemos ministrar aos outros de forma eficaz.

Depois disso, há várias coisas que precisamos transmitir aos jovens de quem cuidamos, sejam eles nossos próprios filhos, amigos, conhecidos, membros de um grupo de jovens, aconselhandos, ou simplesmente rapazes e moças que cruzaram o nosso caminho. Creio que os princípios listados abaixo são importantes, mas devemos ter sempre em mente que a nossa prioridade é manter um relacionamento correto, ativo e fiel com Jesus Cristo. O Evangelho é a nossa mensagem principal.

1. O sexo entre homem e mulher é algo maravilhoso, mas só deve acontecer dentro do casamento.
2. Sentir atração emocional por pessoas do mesmo sexo não é pecado, mas pode ser a porta de entrada para atos homossexuais. É mais fácil pôr um fim neste tipo de atração no início, enquanto a idéia ainda não tomou conta da mente do jovem, do que depois que se transformou em comportamento homossexual explícito.
3. Muitos homossexuais apresentam comportamentos compulsivos, inclusive na área sexual. E os problemas familiares, pessoais e de estilo de vida que levam à compulsão e ao abuso de álcool e drogas são os mesmos que podem contribuir para o homossexualismo. Se estamos dispostos a tentar ajudar os jovens que têm problemas com o alcoolismo, drogas ou os distúrbios alimentares, não podemos ter medo de agir quando alguém enfrenta lutas porque sente atração por pessoas do mesmo sexo. Entretanto, uma vez vencidos nossos medos, o que podemos fazer para ajudar essas pessoas?

Aqui estão quatro passagens bíblicas que falam da nossa atitude para com as pessoas que têm problemas de comportamento:

- **1 Coríntios 16.13,14:** "Vigiai, estai firmes na fé, portai-vos varonilmente e fortalecei-vos. Todas as vossas coisas sejam feitas com caridade".

- **Salmos 116.5:** "Piedoso é o Senhor e justo; o nosso Deus tem misericórdia".

- **Mateus 7.12:** A Regra de Ouro de Deus: trate os outros da mesma forma que deseja ser tratado.

- **Mateus 7.1:** "Não julgueis, para que não sejais julgados".

Quando nos perguntamos se devemos ou não adotar uma postura de amor e compaixão, procurando não julgar, descobrimos que não temos alternativa. A Palavra de Deus nos mostra que a homossexualidade, da mesma forma que o alcoolismo, as drogas, o sexo antes do casamento e todo tipo de comportamento autodestrutivo, é uma questão de escolha. É uma decisão pessoal e não um destino predeterminado. Quando optamos por nos afastar da vontade de Deus, nos habilitamos a sofrer as trágicas conseqüências. Nas páginas seguintes, vamos explorar algumas das formas através das quais um discípulo de Jesus pode demonstrar seu amor incondicional. Além disso, é sempre bom nos lembrarmos de nossos próprios defeitos quando nos propomos a ajudar os outros em suas necessidades e fraquezas. Se nos julgarmos fortes, nossas fraquezas surgirão mais destrutivas do que nunca. Cada um que pretende envolver-se no trabalho de prevenir e transformar comportamentos sexuais inadequados — não importa de que natureza — deveria gravar no coração este lema: *Irei, mas na graça de Deus.*

Andrew se aproximou de Stephanie durante o recreio, mas, por alguns segundos, não conseguiu dizer uma palavra. Finalmente, acabou deixando sair o pequeno discurso que tinha ensaiado a semana inteira:
— Stephanie, preciso te pedir desculpas.
— Por quê? — perguntou ela, friamente.
— Porque insultei seu irmão aquele dia, na aula. Eu o jul-

guei, e não tenho o direito de fazer isso. Não sou melhor do que ele.

Stephanie não sabia o que pensar, diante da atitude inesperada de Andrew.

— Ahn... Está bem. Mas por que você está me dizendo isso? Não estou entendendo.

— Só estou pedindo desculpas. É só isso.

Tendo completado a missão, Andrew saiu de cena rapidamente. Stephanie ficou observando, em silêncio, enquanto ele se afastava.

— O que há com ele? — perguntou sua colega Julie.

— Não sei. Ele tem sido bem mais gentil desde que a namorada lhe deu o fora.

— Que namorada?

— Aquela garota da igreja dele, Cara. Eles terminaram, umas duas semanas atrás. E eu não tiro a razão dela. Já pensou namorar alguém assim moralista como ele?

— Pensei que você tinha dito que ele pediu desculpas.

— É, pediu. E daí?

— Então, deve estar arrependido.

— É. Deve estar.

Stephanie ficou olhando fixamente para Andrew enquanto ele se afastava. Ela estava completamente perplexa com sua atitude. Arrependido? Andrew? Talvez tivesse sido alguma coisa que ele ouviu na igreja, pensou ela enquanto tirava vários livros do armário e batia a porta com mais força do que de costume.

Capítulo Quatro

O que Jesus Diria?

Para colocar as coisas de uma maneira suave, digamos que Maryanne e a mãe não conseguiam olhar nos olhos uma da outra. Maryanne tinha dezesseis anos e havia sido eleita como a representante da turma no colégio. Para ela, a função de representante implicava, além de participar das atividades comuns na escola, que ela deveria tentar "ajudar" os colegas a enfrentarem seus problemas. É claro que esta era uma idéia gentil e amorosa, mas, num período de dois meses, suas notas começaram a despencar, o telefone não parava de tocar até altas horas da noite e, o pior de tudo (pelo menos na opinião de sua mãe), ela havia se tornado a "defensora" de todos os fracos e oprimidos do segundo ano.

A família de Maryanne freqüentava uma igreja grande e próspera, e todos estavam envolvidos em várias atividades. A mãe de Maryanne sempre se sentira segura quanto às amizades da filha na igreja, porque todos pareciam jovens educados e íntegros. Mas agora que ela resolvera assumir o papel de "salvadora", passava horas com os colegas que, na opinião da mãe, não poderiam fazer parte de nenhuma igreja, muito menos da igreja deles.

O pior de todos era Stephen. Ele havia sido transferido de outra escola e já no primeiro dia de aula informou a quem quisesse ouvir que era bissexual. Com certeza ele gostava de meninas. Mas gostava de garotos também. Ele era extravagante, usava roupas estranhas e gesticulava de forma teatral. De fato, quando Maryanne falou com a mãe a respeito de Stephen, ela revirou os olhos e disse:

—Faça-me o favor de não trazer esse pervertido aqui em casa!

Maryanne se irritou:

— Como a senhora pode falar dele assim, mãe? Ele é um ser humano como qualquer outro. Você não tem o direito de...

Seus argumentos não pareceram comover nem um pouco sua mãe. E como ambas tinham o mesmo temperamento explosivo, não demorou muito para a conversa virar uma discussão em altos brados. Quanto mais a mãe criticava Stephen, mais Maryanne saía em sua defesa. No fim, já desesperada, Maryanne disse:

—Talvez fosse melhor eu levá-lo à igreja. Se ele é uma pessoa tão terrível, talvez precise de Deus.

A mãe ficou pálida e sem fala por alguns instantes, mas logo depois disparou:

—Se você o levar à nossa igreja, eu saio de lá.

Porém, Maryanne achava aquela idéia cada vez mais atraente. No domingo seguinte, ela e Stephen foram à Escola Dominical. Sua mãe já havia telefonado para o pastor dos jovens, Jim Cline, para deixá-lo "avisado" sobre o rapaz, de modo que quando eles entraram, Jim já sabia o que dizer.

—Jim, este é o Stephen, um grande amigo meu.

—Que bom que você veio —disse Jim. —Eu estava ansioso por conhecê-lo.

O largo sorriso e o caloroso aperto de mão de Jim pegaram Stephen de surpresa. Ele era o tipo de pastor que acreditava em receber os jovens "no estado". Ele não permitia bebedices, drogas, linguagem obscena, nem qualquer outro tipo de comportamento inadequado na igreja, mas tinha convicção de que o jovem deveria ser amado incondicionalmente. Portanto, foi isso que decidiu fazer a respeito do "caso de Stephen", como dizia a mãe de Maryanne.

Mas, quando Stephen começou a freqüentar a igreja, a mãe da moça insistiu para que a família saísse de lá e fosse para outra congregação. Tiveram outra discussão ainda pior e, no final, ficou estabelecido que Maryanne poderia ficar onde quisesse. Então, ela e Stephen continuaram a participar dos cultos na igreja da comunidade e, em poucos meses, Stephen começou a mudar para melhor: parou de tentar chocar as pessoas e alardear suas idéias sobre sexo e, finalmente, conversou com Jim a respeito de tornar-se cristão.

—Eu quero realmente estar em paz com Deus, mas tenho que deixar de ser bissexual para isso? —perguntou ele.

Jim balançou a cabeça e respondeu:

—Você deve ir a Jesus do jeito que está, e Ele lhe mostrará a sua vontade no momento certo.

Quando a mãe de Maryanne soube disso, telefonou para o pastor da igreja e exigiu que ele repreendesse Jim Cline:

—O senhor não sabe o que diz a Bíblia? —perguntou. —Ela diz que nenhum homossexual entrará no Reino de Deus. Como pode permitir que esse tolo dirija o grupo de jovens? Ele vai corromper todos aqueles garotos adoráveis. Se o senhor pretende permitir que ele fique, então está tão errado quanto ele!

Quando o assunto é o homossexualismo, a igreja cristã se mostra polarizada. Há pessoas como a mãe de Maryanne, que não ligam a mínima para questões de confusão de identidade sexual de adolescentes. "Pecado é pecado!", dizem eles e, no que lhes diz respeito, não há o que discutir. Por outro lado, há cristãos que se baseiam em curiosas interpretações das Escrituras para afirmar que a Bíblia não recrimina os homossexuais. Essas pessoas estão convencidas de que as passagens que são citadas contra o homossexualismo estão sendo mal interpretadas, fora de seu contexto histórico, ou foram escritas por puritanos rígidos.

Qual Deve Ser a minha Opinião sobre esse Assunto?

Algumas igrejas e denominações têm tomado a decisão de ordenar ministros e sacerdotes homossexuais. Algumas estão até fazendo cerimônias de "casamento" entre casais do mesmo sexo. Outras estão reinterpretando as Escrituras para serem "inclusivas" de todos os estilos de vida alternativos. E outras chegam ao cúmulo de afirmar que o próprio Senhor Jesus era homossexual.

Do outro lado da balança, estão indivíduos que consideram o homossexualismo como o mais ofensivo de todos os pecados. Essas pessoas acreditam que um homossexual precisa eliminar todos os aspectos relativos à sua condição antes de orar a Deus e pedir a salvação através da obra de Cristo na cruz. Perguntaram, certa vez, a um pastor de jovens o que ele faria se um homossexual entrasse no seu grupo. Ele respondeu o seguinte: "Não sei o que *deveria* fazer, mas sei o que *gostaria* de fazer: expulsar o "maricas" a pancadas.

Entre esses dois pólos, há pessoas com opiniões as mais variadas. Algumas apoiam firmemente movimentos de *ex-gays* como o *Exodus*, *Courage*, e Homossexuais Anônimos. Outros, ainda, podem achar necessário condenar a homossexualidade em geral, mas ainda mantêm sua própria tolerância pessoal. Há aqueles que estão extremamente confusos e adotam uma posição ambígua. E, o que é pior, há pessoas que são pais, irmãos e até filhos de homossexuais, e que se sentem marginalizados pelos outros. Eles se sentem separados de seus amados e não conhecem suficientemente a Bíblia para saberem no que devem acreditar.

O que Jesus Realmente Diz?

Algumas pessoas fazem questão de ressaltar o fato de que Jesus nunca tratou da questão do homossexualismo explicitamente. No entanto, a verdade é que Ele falou claramente sobre o plano de Deus em relação à sexualidade humana:

> Não tendes lido que, no princípio, o Criador os fez macho e fêmea e disse: Portanto, deixará o homem pai e mãe e se unirá à sua mulher, e serão dois numa só carne? Assim, não são mais dois, mas uma só carne. Portanto, o que Deus ajuntou não separe o homem (Mt 19.4-6).

Embora Jesus estivesse falando sobre a questão do divórcio, Ele também estava reafirmando o propósito original de Deus para o casamento e a família. Em toda a Bíblia, o casamento é definido como um relacionamento entre homem e mulher. Não há nenhum precedente bíblico para casamentos entre pessoas do mesmo sexo ou para relações homossexuais.

É muito importante observar que a Bíblia também não admite a intimidade heterossexual fora do casamento. Ela não desculpa o sexo pré-marital, nem é indulgente com o adultério, ou seja, a atividade sexual entre homens e mulheres que são casados com outras pessoas. De fato, a mesma afirmação que é feita em relação aos homossexuais é feita também com relação aos adúlteros, aos bêbados e aos ladrões. O apóstolo Paulo escreve:

> Não sabeis que os injustos não hão de herdar o Reino de Deus? Não erreis: nem os devassos, nem os idólatras, nem os adúlteros, nem os efeminados, nem os sodomitas, nem os ladrões, nem os avarentos, nem os bêbados, nem os maldizentes, nem os roubadores herdarão o Reino de Deus (1 Co 6.9,10).

Quando abordamos a visão bíblica sobre o pecado, nossa primeira diretriz deve ser lembrar que *todos nós somos propensos ao pecado*. O motivo pelo qual os cristãos têm um relacionamento com Deus não é porque não pecam, mas sim porque enfrentaram a realidade de sua natureza pecaminosa e receberam o perdão de Deus através da vida, morte e ressurreição de Jesus Cristo. Esta é a única coisa que nos torna dignos da vida eterna. "Porque todos pecaram e destituídos estão da glória de Deus" (Rm 3.23); e pela graça [somos] salvos (Ef 2.8).

MITO POPULAR: A Bíblia não condena o homossexualismo.

Pense nisso:

Levítico 20.13: "Quando também um homem se deitar com outro homem como com mulher, ambos fizeram abominação; certamente morrerão; o seu sangue é sobre eles".

Levítico 18.22: "Com varão te não deitarás, como se fosse mulher: abominação é".

1 Coríntios 6.10: "... nem os devassos, nem os idólatras, nem os adúlteros, nem os efeminados, nem os sodomitas, [...] herdarão o Reino de Deus".

Romanos 1.26,27: "Pelo que Deus os abandonou às paixões infames. Porque até as suas mulheres mudaram o uso natural, no contrário à natureza. E, semelhantemente, também os varões, deixando o uso natural da mulher, se inflamaram em sua sensualidade uns para com os outros, varão com varão, cometendo torpeza e recebendo em si mesmos a recompensa que convinha ao seu erro".

A Bíblia também diz, igualmente firme e incisiva, que, da mesma forma como demonstramos compaixão e misericórdia como expressões de moralidade, devemos amar uns aos outros, e não julgarmos uns aos outros. Os cristãos precisam ser conhecidos pelo amor e por tratarem os outros da mesma forma que querem ser tratados, e não por sua rigidez e perfeccionismo no cumprimento da lei. Assim, da mesma forma que aceitamos as condenações bíblicas ao homossexualismo, precisamos também aceitar o mandamento de amar o pecador, ainda que nos sintamos agredidos, assustados ou até mesmo enojados de seu pecado.

Lorraine, a mãe de Maryanne, marcou uma entrevista com o pastor e tinha a intenção de gravar toda a conversa secretamente e depois levar a fita ao conselho da igreja, exigindo sua imediata renúncia. Porém, no dia marcado para a entrevista, ela recebeu um telefonema de Stephen.

— Gostaria de conversar com a senhora — explicou. — Posso ir até aí?

— Sobre o que você quer conversar? — disparou ela, certa de que ele estava tentando manipulá-la, por alguma razão.

— Eu... Eu queria que a senhora soubesse sobre o meu relacionamento com Jesus — disse ele, gaguejando com insegurança.

Lorraine quase fez um comentário grosseiro, mas alguma coisa a impediu de prosseguir. Provavelmente, ele estava tentando enganá-la. Mas, e se não estivesse? Ela não queria ser tomada como responsável por seu desvio, se ele tivesse realmente tido um encontro com Cristo. Embora Lorraine fosse bastante obstinada, não era completamente destituída de entendimento quanto às coisas espirituais.

— Maryanne está com você?

— Não. Ela nem sabe que estou telefonando. Se soubesse acho que ficaria... bem, a senhora sabe... chateada.

Aquilo foi uma surpresa. O que quer que ele tinha a dizer, não era sobre Maryanne.

— Quando é que você vem? Se pudesse ser agora, seria melhor para mim.

— Então, estou indo.

Já fazia várias semanas que Lorraine não via Stephen, por isso ficou surpresa com sua nova aparência, digamos, normal. Ele vestia roupas típicas de adolescente e seu cabelo avermelhado estava agora bem aparado e assumira novamente a coloração natural. Ele ficou em pé

Na soleira da porta, sem ter certeza se deveria entrar ou não.

— Entre e sente-se — disse Lorraine, educadamente. — O que o traz aqui?

— Bem, não sei por onde começar. Acho que, primeiro, quero pedir desculpas. Quando nos conhecemos eu estava agindo de modo meio psicótico, fazendo aquele jogo de bissexual e me comportando de maneira totalmente estranha.

Stephen fez uma pausa, mas, como Lorraine não dizia nada, resolveu continuar com sua história.

— Eu estava muito confuso. Na outra escola onde estudei, não tinha nenhum amigo, e a única maneira de conseguir que alguém falasse comigo era dizer coisas chocantes e dar uma de maluco. Então, eu comecei a representar papéis diferentes e a chocar todo mundo. Durante um tempo, eu realmente achei que talvez fosse gay. Quer dizer, os caras tinham raiva de mim, porque eu era péssimo nos esportes. Já as garotas gostavam de mim porque eu compreendia os sentimentos delas e gostava de teatro. Acho que, por isso, comecei a pensar que talvez tivesse nascido mulher ou algo assim...

— Isso é ridículo, Stephen. Qualquer um vê que você é um rapaz.

— No fundo eu me sentia meio dividido. Mas quando comecei a ir à igreja e a aprender a respeito de Deus e do quanto Ele se importa comigo, compreendi que Ele não tinha cometido nenhum erro quando me criou. Foi isso que Jim Cline me ensi-

nou. Ele me ajudou a ver que eu era exatamente como deveria ser, só estava confuso. Então, ele orou comigo e perguntou se eu não queria ser um "homem de Deus". De início, não sabia do que ele estava falando, mas depois compreendi que significava apenas viver segundo o padrão de masculinidade que Deus tinha para mim.

Ele deteve-se por um instante para tomar fôlego, e depois perguntou:

— A senhora está entendendo?

Lorraine estava muito envergonhada de si mesma, mas ainda não estava disposta a admitir isso. Afinal, ele poderia estar apenas representando.

— Então, quer dizer que você aceitou Jesus Cristo como seu Salvador pessoal? — perguntou ela, num tom mais áspero do que pretendia.

— Sim! Era isso que eu queria que a senhora soubesse! — respondeu Stephen com um sorriso radiante. — Eu conheci o Senhor e Ele está transformando tanto a minha vida que eu nem me reconheço mais. Porém, quero que saiba de uma coisa...

— O quê?

— Quero que saiba que, embora eu falasse muito sobre bissexualismo, eu nunca... Quero dizer, eu nunca estive realmente com outro homem. Era só conversa...

Lorraine estava se sentindo cada vez pior, mas em vez de pedir desculpas, ela apenas sorriu e disse:

— Estou realmente feliz por você, Stephen. Posso ver que você mudou muito, e é óbvio que o crédito pertence a Deus. Você não poderia fazer essa mudança por si mesmo.

— Bem, eu tive de cooperar um pouco...

Finalmente, Lorraine sentiu-se derrotada e disse:

— É claro que você cooperou, Steve. Olhe, eu lhe devo muitas desculpas. Eu o julguei por suas palavras e não procurei ver além das aparências para descobrir o que você estava precisando. Fico feliz que você tenha vindo até aqui para me contar o que aconteceu, pois demonstrou muita coragem. Ninguém poderia culpá-lo se não quisesse falar comigo nunca mais.

— Bem, eu também não condeno a senhora. Maryanne é uma das pessoas mais maravilhosas que já conheci, e eu sei que a

senhora só estava tentando protegê-la. É para isso que servem as mães, não é?

Quando terminaram a conversa e Stephen foi embora, Lorraine pegou o telefone e ligou para a igreja:

— Alô, eu gostaria de cancelar minha audiência com o pastor Dixon. Não, não precisa remarcar. Muito obrigada.

Então, Está Tudo Bem, Não É?

Stephen afastou-se do homossexualismo antes que aquilo deixasse de ser um jogo imaginário e se transformasse numa experiência física. Foi mais fácil para ele porque não precisou romper nenhum relacionamento, nem abandonar prazeres físicos, nem deixar para trás desejos não realizados. Mas precisamos estar cientes de que quanto mais um jovem se envolve em atividades homossexuais, maiores são as dificuldades que enfrenta para se arrepender e abandonar o homossexualismo. Alguns ex-homossexuais que se converteram disseram a seus conselheiros o seguinte: "Eu nunca serei normal. Tenho muita bagagem. Não espere muito de mim".

Uma das questões mais difíceis que os cristãos têm de enfrentar diz respeito à tensão existente entre "graça" e "obras". Como crentes, deveríamos saber que somos incapazes de vencer nossa inclinação para o pecado, de modo que a primeira coisa que precisamos fazer é pedir a Deus para mudar o nosso interior. Enquanto Ele realiza sua obra no nosso coração, cooperamos com Ele desenvolvendo a autodisciplina e clamando por socorro sempre que nos sentirmos tentados. É desse modo que somos "transformados pela renovação da nossa mente".

Rogo-vos, pois, irmãos, pela compaixão de Deus, que apresenteis o vosso corpo em sacrifício vivo, santo e agradável a Deus, que é o vosso culto racional. E não vos conformeis com este mundo, mas transformai-vos pela renovação do vosso entendimento, para que experimenteis qual seja a boa, agradável e perfeita vontade de Deus (Rm 12.1,2).

A tensão reside no fato de que o pecado é mortal, perigoso e destrutivo. Podemos tratar com brandura o pecador — e até a nós mesmos, reconhecendo que somos propensos a pecar — mas, ao mesmo tempo, temos de ver o pecado como ele é: uma "doença" terminal que nos afasta de Deus. Ele não apenas impede o nosso relacionamento com Deus, como também suas conseqüências trazem a nossa destruição emocional, espiritual e às vezes até mesmo física. O pecado é maligno. É venenoso. É corrosivo. Portanto, da mesma forma que devemos amar os pecadores, assim como amamos a nós mesmos, devemos também odiar o pecado em todas as suas variadas formas.

Isso nos leva a um ponto crucial da nossa discussão sobre o homossexualismo, particularmente quando o consideramos no contexto do Cristianismo. Nos próximos capítulos, examinaremos os múltiplos e inevitáveis riscos e conseqüências que acompanham o comportamento homossexual. Por enquanto, porém, nos concentraremos nos aspectos espirituais que ele envolve.

Será que a relação de uma pessoa com Deus permanece intacta, apesar de sua opção pela prática de atos homossexuais ou por um estilo de vida homossexual? A resposta, segundo a Bíblia, é um sonoro "não". Apenas através do novo nascimento, tendo-se arrependido de seus pecados e buscando ser transformada, esta pessoa tem restituída sua comunhão com Deus.

Como podemos afirmar isso com tanta segurança? Porque a Bíblia é extremamente clara a este respeito. Apesar dos argumentos defendidos pelas igrejas de homossexuais e pelos que advogam em favor do estilo de vida *gay*, não há dúvida sobre o que a Bíblia afirma. Há diversas passagens que tratam explicitamente do homossexualismo. A primeira vez que ele é mencionado é em Gênesis 19.1-9.

Os que defendem o homossexualismo negam que este tenha sido o pecado que trouxe juízo sobre Sodoma. Alguns chegam até a sugerir que o grande pecado da cidade foi a falta de hospitalidade, baseados no comentário de Jesus de que as cidades que rejeitassem o ministério dos seus discípulos seriam piores que Sodoma (Mt 10.14,15).

Levei menos de cinco minutos para acreditar na ilusão de que o homossexualismo é aceitável diante de Deus. Porém,

foram necessários cinco anos para que eu mudasse de idéia.

***JOE DALLAS*[1]**

Havia outros pecados em Sodoma, além do homossexualismo. Quando lemos Romanos 1, vemos que o homossexualismo é o ponto culminante de uma vida idólatra — uma conseqüência de se adorar "mais a criatura do que o Criador". O breve perfil apresentado em Gênesis mostra claramente que Sodoma era uma cidade marcada pelo hedonismo e a egolatria. Mas, acima de todos os seus outros vícios, a Escritura fala da corrupção sexual de seus habitantes de um modo que não deixa margem para dúvidas. Fossem quais fossem as outras coisas que Deus tinha contra aquela cidade, a questão que a Bíblia enfatiza é a luxúria agressiva e incontrolável pelos dois anjos que a visitaram. Deus considerou aquela atitude uma abominação.

De fato, a lei hebraica afirma exatamente isso. Em Levítico 18.22, lemos: "Com varão te não deitarás, como se fosse mulher: abominação é". Levítico 20.13 continua, dizendo: "Quando também um homem se deitar com outro homem como com mulher, ambos fizeram abominação; certamente morrerão; o seu sangue é sobre eles".

O argumento usado para dizer que esta lei não é relevante nos dias de hoje é mais ou menos este: Ela foi feita para uma época especial, em que Deus estava formando uma nação. Ele não está mais fazendo isso, de modo que a lei não se aplica mais. Ela faz parte de um conjunto que inclui a comida *kosher*, a guarda do sábado e outras tradições cultural e historicamente irrelevantes.

Os trechos das cartas do apóstolo Paulo que claramente qualificam o homossexualismo como um pecado (Rm 1.26,27; 1 Co 6.9) são às vezes interpretados como declarações que se referem à prostituição homossexual dos pagãos, e não ao homossexualismo em geral. Peter J. Gomes, pregador da Universidade de Harvard e autor do livro *The Good Book* (O Bom Livro), discute essa questão. Ele escreve: "O homossexualismo que Paulo conhecia e ao qual faz referência em suas cartas, particularmente na carta aos romanos, tem a ver com pederastia e prostituição masculina, e ele condena particularmente os homens e mulheres heterossexuais que se envolvem em práticas homossexuais... Tudo o que Paulo conhecia acerca do homossexualismo era a sua devassa expressão pagã. Não podemos condená-lo por sua ignorância, mas também não podemos usá-la como desculpa para a nossa".[2]

A interpretação do Dr. Gomes é incompatível com a crença na inspiração divina da Bíblia. Não importa se Paulo conhecia ou não todas as variantes do homossexualismo; o que importa é que Deus conhece. E o argumento permanece: de Gênesis ao Apocalipse não há qualquer referência positiva ao homossexualismo. Ele é sempre rejeitado como uma forma de comportamento pecaminoso.

Podemos e devemos estender nosso amor aos homens e mulheres homossexuais que conhecemos. Diante de Deus, temos a responsabilidade de orar por eles, cuidar deles, dedicar-lhes nossa vida, se necessário, mas não fomos chamados para fingir que o comportamento sexual adotado por eles é aceitável diante de Deus. Também não podemos nos submeter às posições políticas que são defendidas por eles, ou pelas organizações a que pertencem.

Pouco tempo depois que Stephen se rendeu a Cristo e começou a viver em novidade de vida, a escola em que estudava promoveu um seminário sobre educação sexual. Em vez de incentivar a castidade, o filme exibido para os alunos falava abertamente sobre a importância do uso de preservativos e descrevia com detalhes o modo correto de utilizá-los. Aquilo não era nenhuma novidade para Stephen, pois ele sempre estudou em escola pública e não esperava nada diferente. Mas a segunda parte do filme realmente o surpreendeu. Ela descrevia o relacionamento afetuoso entre dois rapazes do segundo grau e dizia que eles eram amantes homossexuais. O texto explicava que eles haviam nascido homossexuais, que sempre seriam assim, e que, portanto, deveriam expressar seu "amor" livremente — mas de uma forma segura.

A seqüência terminava com um grupo de jovens despreocupados, onde se viam os dois rapazes e também duas moças de mãos dadas, além de vários casais heterossexuais. Mais tarde, Stephen descreveu o filme para Jim Cline:

— A mensagem que eles transmitiam era esta: "Nós estamos aqui tranqüilos, pois fazemos sexo do jeito que gostamos e estamos usando camisinha; nada de mal vai acontecer

conosco. Você também pode ser como nós. Faça sexo seguro e não se arrependa!".

Jim pediu a Stephen para escrever o nome do filme, a data em que foi exibido na escola, e o nome do responsável pelo seminário de educação sexual. Mais tarde, ele foi falar com o pastor Dixon.

— Não gosto nada de me envolver nesse tipo de coisa — disse Jim com certa tristeza, — mas o senhor já imaginou o que poderia ter acontecido com Stephen se tivesse assistido esse filme seis meses atrás? Agora ele já tem outra compreensão das coisas, mas e quanto aos colegas que não têm? Não acho apropriado mostrar esse tipo de filme numa escola.

— Tem razão, Jim. Eu também não gosto de me envolver nessas questões, mas se nós não fizermos um protesto, quem mais fará? Talvez um punhado de pais. Mas se nos unirmos e tomarmos posição contra isso, o resultado pode ser diferente. Vou telefonar para algumas pessoas e ver se podemos reunir um grupo de líderes cristãos para conversar com o diretor da escola. Talvez ele nos atenda, mas se não atender, vamos ao superintendente. Ele é um homem sensato, e algo me diz que também não aprovará este filme.

Uma mulher da congregação do pastor Tim informou-lhe que ouvira sem querer dois adolescentes do seu grupo de jovens falando sobre homossexualismo.

— Ouvi cada palavra que disseram e, acredite, eles estão tendo um caso! — disse ela com segurança.

O pastor Tim sentiu como se o mundo tivesse desabado sobre ele e decidiu confrontar os dois jovens. Mas, antes, foi orar pedindo a Deus que lhe desse sabedoria.

— Olhem, precisamos conversar sobre um assunto que chegou ao meu conhecimento. Um membro da igreja ouviu vocês dois conversando e teve a impressão de que vocês estão envolvidos num relacionamento homossexual. O que vocês têm a dizer a respeito disso?

Gary olhou bem dentro dos olhos do pastor e disse:

— Muito obrigado por não nos acusar. Agradecemos o benefício da dúvida. É verdade que temos lutando contra isso há algum tempo, e o Phil e eu estávamos discutindo o assunto outro dia. Mas nós nunca tivemos nenhum relacionamento um com o outro, e nem teremos.

Os anos se passaram e tanto Phil quanto Gary se casaram com mulheres cristãs. Estão casados há mais de dez anos, têm filhos, e dedicam suas vidas ao serviço de Cristo. Um deles é missionário num país hostil; o outro vive nos Estados Unidos e trabalha num ministério de jovens.

Combatendo o Bom Combate

Será que podemos amar certas pessoas e, ao mesmo tempo, odiar o que elas estão fazendo? Um dos aspectos mais difíceis da nossa reação cristã diante do homossexualismo é a atitude que devemos ter ao nos defrontarmos com grupos que defendem os "direitos dos homossexuais". Alguns deles atuam de forma silenciosa, junto ao sistema legal; outros escrevem artigos acadêmicos ou dão conferências; e há ainda aqueles que se vestem de forma escandalosa e vão para as ruas, gritando obscenidades. Infelizmente, alguns crentes acham que se deve combater "fogo com fogo", e procuram responder à indignação desses grupos com "ira santa". Como escreve Tiago: "Sabeis isto, meus amados irmãos; mas todo homem seja pronto para ouvir, tardio para falar, tardio para se irar. Porque a ira do homem não opera a justiça de Deus" (Tg 1.19,20).

Se a ira não é a nossa melhor arma, o que podemos fazer? Os que já combateram nesse campo de batalha aprenderam alguns princípios práticos valiosos que todos nós podemos aproveitar. A seguir, enumeramos algumas estratégias que podem causar impacto na comunidade. Talvez a regra mais importante seja simplesmente esta: *mantenha-se bem informado.*

1. Você sabe o que seu filho está estudando? Os pais têm o direito de conhecer todo o currículo ensinado nas escolas e têm o direito legal de dar sua opinião sobre esse material.
2. Você se envolve nas atividades escolares de seu filho? Voluntários são sempre bem-vindos, e os pais cristãos

deveriam ser os primeiros a se envolver nas atividades de sala de aula. A propósito, nunca se deve assumir uma atitude impositiva nem ir para a escola pensando "Estão todos contra mim". Se fizermos isso, os professores perceberão num instante. Em vez disso, devemos estar dispostos a servir, prontos a fazer tudo o que for necessário para ajudar, facilitar e tornar mais fácil a vida do professor. Enquanto isso, se encontramos alguma coisa com relação à educação sexual ou outro aspecto qualquer que nos preocupa, devemos ir ao professor e, com amor e humildade, pedir-lhe uma explicação sobre o ocorrido. Não devemos ameaçar, nem demonstrar indignação, nem exagerar nas nossas reações. Quando demonstramos irritação, a questão se torna pessoal e nosso argumento perde o impacto.

3. Você já pensou em assumir um cargo no círculo de pais e professores (conselho tutelar, no Brasil) ou outro órgão em que a sua voz possa ter algum peso? Se os cristãos não se fizerem representar nestas áreas, pessoas com outras posições políticas, algumas delas não-cristãs ou anti-cristãs, poderão exercer sua influência sobre a comunidade educacional sem enfrentar qualquer oposição.
4. Você conhece os palestrantes que visitam a escola de seu filho? Se estiver programada alguma palestra, peça para ler um resumo da apresentação. Procure saber o que essa pessoa escreveu; veja se pode conseguir algum exemplar. Se você descobrir que alguém com idéias questionáveis irá se apresentar na escola, descubra quem autorizou a palestra. Se discordar de alguma coisa, apresente seu ponto de vista de maneira respeitosa e sem ameaças.
5. A estrutura escolar tem seu protocolo, que deve ser respeitado. Se houver algum problema, discuta-o pacientemente com o professor. Se isto provar ser infrutífero procure o coordenador. Se este também não fizer nada a respeito, fale com o diretor. E, se nada adiantar, procure a instância superior. Em cada um desses níveis hierárquicos, demonstre respeito pela pessoa, mantendo a comunicação dentro do racional e do

razoável. A raiva é contraproducente, não só à abordagem da questão em si, como também, e principalmente, à causa de Cristo no mundo.

Assumindo a Responsabilidade pelos nossos Atos

Um dos argumentos mais usados pelos defensores do homossexualismo é que os cristãos conservadores são hipócritas, porque apontam o dedo acusador a um tipo de comportamento, mas ignoram muitos outros. Esses grupos fazem perguntas do tipo: "Por que vocês não denunciam a imoralidade sexual dentro da igreja?", ou "Como vocês têm a coragem de se dizerem cristãos, se não amam os homossexuais?". E ainda: "Como disse Jesus, aquele que não tem pecado, que atire a primeira pedra!".

Em primeiro lugar, muitos cristãos tratam o sexo extraconjugal, o sexo entre pessoas solteiras, a coabitação e a pornografia como se fossem insignificantes. Muitas vezes, a mesma pessoa que tem uma atitude permissiva em relação a esses comportamentos fica escandalizada quando encontra alguém que apresenta tendências, maneirismos ou comportamentos homossexuais. De fato, a Bíblia condena claramente tanto a imoralidade heterossexual quanto o homossexualismo. Todo ato sexual que viola os preceitos bíblicos significa uma infração à perfeita vontade de Deus. Resumindo, é um pecado.

Em segundo lugar, não há dúvida de que algumas igrejas que pregam a Bíblia demonstram total falta de amor em relação às pessoas que estão confusas quanto à sua identidade sexual. Em seminários como o de Joe Dallas, "A Christian Response to Homosexuality" (Uma Resposta Cristã Para o Homossexualismo), há várias histórias pitorescas sobre a maneira como os homossexuais são tratados quando procuram ajuda em entidades cristãs. Algumas dessas histórias têm fins trágicos, que envolvem a automutilação e até o suicídio.[3] Nunca é demais repetir que a falta de amor ofende tanto a Deus quanto um pecado sexual.

Em terceiro lugar, Jesus Cristo não aprova o uso de apelidos, palavras depreciativas e insultos. Recentemente, um pastor bem conhecido referiu-se, em seu programa de televisão, à atriz lésbica Ellen Degeneres como "Ellen Degenerada". Esse tipo de irreverência aumenta ainda mais a enorme distância que separa os cristãos dos não-cristãos e, mais especificamente, os cristãos dos homossexuais. Quem procuraria ajuda com um antagonista que faz piadas de seu problema, o rotula e o acusa?

Finalmente, Jesus disse: "Aquele que dentre vós está sem pecado seja o primeiro que atire pedra", mas, neste episódio, Ele estava apenas nos lembrando de que não devemos julgar. De fato, embora Ele não tivesse pecado, não emitiu nenhum julgamento acerca dos pecadores arrependidos. *No entanto, disse à mulher apanhada em adultério que fosse embora e não pecasse mais.* Ou, como diríamos hoje em dia: "Pare com isso!". Em João 3, Jesus diz a Nicodemos: "Porque Deus enviou o seu Filho ao mundo não para que condenasse o mundo, mas para que o mundo fosse salvo por ele" (v. 17).

O propósito de Jesus não era a condenação, mas algo bem diferente. Ele sabia que se os homens e mulheres, mesmo ainda envolvidos no pecado, fossem até Ele em arrependimento, poderiam ser transformados através do novo nascimento espiritual. Só podemos mostrar um comportamento exterior realmente transformado se nosso espírito nascer de novo. E só podemos nascer de novo através do toque de Jesus Cristo. E só podemos ser tocados por Ele se nos aproximarmos dEle.

Portanto, qual é a nossa função, como discípulos nos dias de hoje? É levar as pessoas a se aproximarem de Jesus para que sejam tocadas por Ele, ou afastá-las do Senhor?

Será que devemos ser como aqueles discípulos que tentaram impedir as criancinhas de se aproximarem de Jesus?[4] Embora suas intenções fossem boas, eles interpretaram de forma completamente errada as prioridades de Jesus, e acabaram atrapalhando em vez de ajudar. Ou será que devemos ser como os fariseus — o grupo que Jesus mais criticava — que tentaram manter uma "pecadora" longe dele? Talvez fosse bom reler esta velha história, para nos lembrarmos do que Jesus faria — e do que Ele *faz* — quando um pecador necessitado tenta tocá-lo.

> *Quando isso viu o fariseu que o tinha convidado, falava consigo, dizendo: Se este fora profeta, bem saberia quem e qual é a mulher que lhe tocou, pois é uma pecadora.*
> *E, respondendo, Jesus disse-lhe: Simão, uma coisa tenho a dizer-te.*

E ele disse: Dize-a, Mestre.
Um certo credor tinha dois devedores; um devia-lhe quinhentos dinheiros, e outro, cinqüenta. E, não tendo eles com que pagar, perdoou-lhes a ambos. Dize, pois: qual deles o amará mais?
E Simão, respondendo, disse: Tenho para mim que é aquele a quem mais perdoou.
E ele lhe disse: Julgaste bem.
E, voltando-se para a mulher, disse a Simão: Vês tu esta mulher? Entrei em tua casa, e não me deste água para os pés; mas esta regou-me os pés com lágrimas e mos enxugou com os seus cabelos. Não me deste ósculo, mas esta, desde que entrou, não tem cessado de me beijar os pés. Não me ungiste a cabeça com óleo, mas esta ungiu-me os pés com ungüento. Por isso, te digo que os seus muitos pecados lhe são perdoados, porque muito amou; mas aquele a quem pouco é perdoado, pouco ama. E disse a ela: Os teus pecados te são perdoados.
E os que estavam à mesa começaram a dizer entre si: Quem é este, que até perdoa pecados?
E disse à mulher: A tua fé te salvou; vai-te em paz.[5]

Capítulo

Cinco

Isso É que É Vida — Ou Será que Não?

Robert sentou-se no gabinete do pastor e fez um grande esforço para parecer seguro e autoconfiante. Ele já conhecia o reverendo Wilson há muito tempo, mas isso, em vez de ajudá-lo a se sentir mais à vontade, parecia piorar ainda mais a situação.

— Olhe, pastor, já sei o que o senhor pensa sobre esse assunto. O senhor acha que homossexualismo é pecado, e tem direito à sua opinião. Mas o senhor não acha que é melhor eu enfrentar a realidade e parar de me esconder? O senhor sempre condenou a hipocrisia, e eu o admiro por isso.

— É verdade, Robert. Eu odeio hipocrisia, e estaria sendo o pior dos hipócritas se dissesse que fico feliz, ou mesmo que estou em paz com a sua situação. Sei que você está atravessando um período de confusão sobre sua sexualidade, e estou mais do que disposto a fazer o que for possível para ajudá-lo a superar o problema. Mas não posso, de jeito nenhum, sorrir e dizer "Que maravilha!" quando você me diz que vai se mudar para a Costa Oeste e se juntar à comunidade gay.

— Mas o senhor não entende que eu me sinto sozinho? Ninguém me conhece realmente aqui, e eu tenho de esconder a minha verdadeira personalidade de todos. A comunidade gay de Los Angeles é composta de homens e mulheres que enfrentaram as mesmas lutas que eu. Eles são iguais a mim, ao contrário das pessoas desta cidade. Não importa o quanto eu tente me ajustar, sempre me sinto deslocado aqui. Além disso — acrescentou ele num tom mais suave, — meu amigo Robert, que vive lá, conseguiu trabalho para mim em alguns filmes. E, é claro, eu quero ficar perto dele.

O reverendo Wilson não era uma pessoa muito bem informada sobre o estilo de vida homossexual. Pessoalmente, ele sempre tinha considerado esse assunto bastante desagradável, de modo que não fez grande esforço para obter informações que pudessem ajudar o rapaz. Porém, uma coisa ele sabia e não vacilou em dizê-la:

— Robert, se você se envolver no mundo homossexual, vai perder muitos amigos e parentes. Você vai se afastar da família e, em pouco tempo, se sentirá extremamente deprimido e marginalizado. A maioria das pessoas em cidades pequenas como a nossa não sabe lidar com esta situação, e isso inclui a sua mãe e o seu padrasto. Você já conversou com eles sobre o assunto?

— Para falar a verdade... ainda não — respondeu Robert, contorcendo-se na cadeira e passando a mão pelo cabelo, nervosamente. — Eu nem teria dito nada, se o senhor não tivesse me perguntado sobre os meus planos para o ano que vem. O assunto apenas veio à tona e, para ser franco, eu lamento que isso tenha acontecido.

O olhar amoroso e gentil do reverendo Wilson percorreu o rosto do jovem Robert e, por alguns momentos, sua memória o levou de volta a alguns anos atrás, quando a família do rapaz foi dilacerada pelo divórcio dos pais. O pastor tinha conversado com ele algumas vezes, quando enfrentou dificuldades na escola e começou a ter um comportamento instável, chegando até a fugir de casa por duas vezes. Wilson tentou convencer a mãe do garoto a mudar de

comportamento, pois ela era uma mulher controladora, e nunca parecia satisfeita com nada. Agora, lá estava ele, sentado diante daquele jovem de uma beleza incomum, meticulosamente arrumado, e cheio de determinação. Robert realmente parecia um ator de cinema, e considerando tudo o que havia acontecido com ele, era espantoso que ainda não tivesse ido para Hollywood.

— Eu sei que você deve estar mais do que feliz por deixar seus pais, mas já pensou em suas irmãs e sua avó? E os amigos que você tem aqui? Você é um rapaz bem popular.

— Eu sou uma mentira ambulante. Eles nem sabem que eu sou gay. Já vivi escondido muito tempo e está na hora de realmente mostrar quem eu sou. Reverendo, agradeço sua preocupação, mas a vida homossexual não é nada terrível. É só uma alternativa, e acontece que, na minha opinião, é a alternativa certa para mim.

A comunidade homossexual atrai os jovens que têm problemas com a identidade sexual como um imã fascinante e sedutor. Ela é particularmente desejável quando a pessoa está envolvida em práticas homossexuais ou quando tem uma ligação emocional com um indivíduo do mesmo sexo. No entanto, mesmo os curiosos e confusos que ainda não assumiram a condição homossexual se sentem seduzidos pelo estilo de vida *gay* e por tudo que ele representa.

Eu só Quero me Sentir Aceito

Uma das principais razões dessa atração é que muitos jovens procuram desesperadamente um grupo onde possam se sentir aceitos. Como vimos nos capítulos anteriores, o ostracismo social é um dos elementos mais comuns no desenvolvimento da confusão de identidade sexual. Quando um adolescente começa a ter conflitos com atrações emocionais e desejos sexuais por pessoas do mesmo sexo, várias emoções intensas e incômodas começam a surgir. Bud Searcy, da organização *Exodus International*, descreve cinco ciclos que freqüentemente afetam a vida desses adolescentes:

O Ciclo da Rejeição

A rejeição está no centro dos conflitos do homossexual.

O Ciclo da Vergonha

A vergonha é companheira da auto-rejeição. Ela não está ligada ao que a pessoa faz, e sim ao que ela é.

O Ciclo da Autopiedade

Embora muitos de nós uma vez ou outra sinta pena de si mesmo, o que acontece com muitos homossexuais é que eles ficam acorrentados num sentimento habitual e crônico de autopiedade.

O Ciclo do Medo

Durante a adolescência, muitos indivíduos que acabam entrando no homossexualismo parecem propensos a atingir níveis de medo fora do normal.

O Ciclo da Inveja

No caso de adolescentes com sentimentos homossexuais, a admiração por certos tipos de pessoas logo se transforma em inveja.[1]

Por causa da intensidade dessas batalhas emocionais, os que estão nessa luta se sentem muitas vezes afastados das pessoas "normais". Eles se descrevem como quem "está de fora, olhando para dentro". À luz dessas percepções, o que poderia ser mais desejável do que uma comunidade onde todas as pessoas enfrentam as mesmas lutas e pensam da mesma maneira? O que poderia ser mais agradável do que se sentir integrado e à vontade? O que poderia ser mais empolgante do que a liberdade, a total liberdade, do julgamento dos outros, das regras religiosas e dos tabus culturais?

Vivemos numa sociedade que se preocupa com a segurança e que procura proteger as mulheres, os homens, as crianças, e até os animais, de todos os tipos imagináveis de agressões físicas ou emocionais. Nas últimas décadas, vimos o tabagismo deixar de ser visto como um sinal de charme e sofisticação e passar a ser considerado como um vício estúpido e mortal. Tivemos de aprender a usar o cinto de segurança e passamos a ser multados quando não o fazemos. Conseguimos obrigar nossos filhos a usar capacetes para poderem pilotar suas motocicletas. Diminuímos a ingestão de gorduras e aumentamos o consumo de fibras na nossa dieta — mesmo não gostando disso. Aprendemos a reconhecer os sintomas de maus-tratos em adultos, crianças e animais, e a denunciá-los às autoridades.

Talvez tenha chegado a hora de examinarmos com mais profundidade o estilo de vida homossexual. Como muitas outras supostas "liberdades" que são defendidas como expressão individual, o homossexualismo oculta muitos perigos. E precisamos avaliá-lo com o mesmo cuidado e compaixão.

MITO POPULAR: O homossexualismo é um estilo de vida alternativo — uma opção boa e saudável para algumas pessoas.

Pense nisso: O comportamento homossexual é uma ameaça à vida. Um relatório publicado no periódico *Princeton Theological Review*, em outubro de 1996, indica que os perigos que o homossexualismo representa para a saúde física fazem desta opção um estilo de vida de alto risco. É claro que o HIV e a AIDS falam por si mesmos, mas há outras ameaças, entre as quais os índices de suicídio e homicídio bem mais altos do que entre a população em geral, e a alta probabilidade de contrair hepatite B, sífilis, herpes e "um sem-número de doenças transmissíveis pelo sangue". Isto se deve, principalmente, à promiscuidade em que vive a comunidade homossexual. Uma pesquisa realizada pela Associação Americana de Psicologia mostrou que um homossexual tem, em média, 50 parceiros por ano. George Reckers declarou que um homossexual de 18 anos de idade afirmou já ter tido 3.000 parceiros sexuais.

Alguns estudos indicam que a expectativa de vida média de um homossexual masculino é drasticamente reduzida. Outras pesquisas apontam que menos de 3% dos homossexuais atinge a idade de 55 anos. Se nos preocupamos com os perigos do fumo, das drogas e do álcool, deveríamos também nos preocupar com os riscos inerentes ao homossexualismo.

O que Temos a Perder?

— Tenho que sair desta casa! Não suporto nem mais um dia com meu pai, e minha mãe nem percebe quem é ele de verdade...

— Quero ficar com meu parceiro. Queremos construir uma vida juntos. Estamos cansados de viver nos escondendo.

— Eu tenho essa ânsia dentro de mim, esse desejo de viver intensamente, de correr riscos, de experimentar coisas novas. Nunca vou poder satisfazer esses desejos numa cidadezinha medíocre como esta.

— Quero ir morar num lugar em que eu me sinta estimado, com pessoas iguais a mim, com outros homossexuais. Sei que quando estiver com eles terei encontrado o meu lugar no mundo.

Essas declarações refletem mais que um capricho ou fantasia passageira. Elas expressam o clamor que muitos indivíduos que têm inclinação homossexual trazem no coração. Essas pessoas privadas de seus direitos sentem-se como se estivessem aprisionadas em algum tipo de exílio emocional e desejam sentir-se firmes e seguras. Além disso, é claro, a rejeição e falta de aceitação de que são vítimas geram uma profunda solidão e senso de alienação e fazem com que elas se afastem das pessoas que poderiam lhes dar o amor de que tanto necessitam.

Embora o estilo de vida homossexual exerça esse fascínio sobre as pessoas que estão buscando um ambiente que lhes dê maior conforto emocional, é necessário fazer alguns alertas. A primeira bandeira vermelha que devemos levantar vai para os que se recusam a estender a mão de amor a quem luta com problemas de identidade sexual. Nossa falta de sensibilidade, de graça e de compreensão cristã só têm contribuído para aumentar o magnetismo da comunidade *gay*.

Infelizmente, essa comunidade não é o céu dos relacionamentos saudáveis, felizes e honestos que afirma ser. Precisamos levantar umas bandeiras vermelhas aqui também. Há três áreas de risco específicas no estilo de vida homossexual que não podem ser negligenciadas: os riscos emocionais, físicos e espirituais.

Pessoas como Robert, que fazem as malas e saem de casa, procurando abrigo na comunidade *gay*, enfrentam crises emocionais agudas e dolorosas. No livro *Children of Horizons* (Crianças dos Horizontes), essas crises são descritas de modo bem vívido. No trecho abaixo, os autores descrevem as perdas traumáticas e permanentes que esse processo normalmente provoca:

> Na mente de alguns jovens, o ato de abrir mão dos papéis e instituições heterossexuais é mais do que simplesmente uma questão "sexual"; é uma perda de identidade cultural, uma ruptura com a tradição histórica. Isso ocorre com o asiático que descobre que não poderá levar adiante as tradições de sua família e seu clã, com o negro que não poderá mais freqüentar a igreja de sua comunidade, com o ítalo-americano que é rejeitado por seus pais e não pode mais exercer suas múltiplas funções dentro da família. Esse tipo de perda que dilacera a alma tem uma magnitude tão grande que significa a perda de todo um estilo de vida. Perder tudo isso em troca da expressão pública de seus desejos sexuais pode parecer um mau negócio. Alguns adultos conseguem lidar bem com a ansiedade gerada por essa declaração de identidade, mas, para muitos jovens, ela é intolerável.[2]

Essa é uma avaliação bem realista, vinda da própria comunidade homossexual, mas pode ser que não tenha ido suficientemente fundo na questão. É incontável o número de pessoas dentro da comunidade *gay* que enfrentam enormes desafios emocionais. E há muitas razões para isso. Por um lado, conforme já vimos, temos a questão do ambiente familiar desfavorável na infância que, com certeza, é um fator preponderante na opção pelo homossexualismo. A rejeição social, os maus-tratos e os abusos sexuais podem ter contribuído para a tomada dessa decisão. Poderosas ligações emocionais e encontros sexuais intensos, a perda de amigos ou familiares, o medo das doenças, tudo isso complica o quadro de desajuste emocional que se encontra entre os homossexuais ativos.

Em seu livro *After the Ball: How America Will Conquer Its Fear and Hatred of Gays in the '90s* (Depois do Beisebol: Como a América Vencerá seu Medo e Aversão aos *Gays* nos Anos 90), Marshall Kirk e Hunter Madsen escrevem: "O mais doloroso sobre o mito americano do homossexual infeliz é que, de fato, ele tem algum fundamento. Pesquisas sugerem que, embora a maioria dos *gays* seja muito bem ajustada (considerando-se o quanto são estigmatizados), de um modo geral, os *gays* masculinos (e as lésbicas, em menor número) são mais suscetíveis a sentimentos de solidão, ansiedade, paranóia, depressão e infelicidade do que os heterossexuais. (Além disso, o fato de a qualidade de vida social dos próprios *gays* ser geralmente baixa deve-se, em grande parte, a estes desajustes individuais.)"[3]

Os índices de abuso de álcool e drogas são muito mais altos entre a comunidade homossexual. O abuso de álcool entre os *gays* masculinos é pelo menos duas vezes maior do que entre os homens em geral,[4] e as lésbicas têm uma taxa de alcoolismo sete vezes maior que as mulheres em geral.[5] Um estudo realizado entre adolescentes *gays* e bissexuais do sexo masculino informou que 76% dos entrevistados fazia uso constante de álcool, 42% consumiam maconha e 25% eram usuários de cocaína e/ou crack.[6]

Muitos estudos indicam que o suicídio é muito mais comum na comunidade homossexual do que na heterossexual.

- Num estudo envolvendo adolescentes *gays* e bissexuais do sexo masculino, 30% declararam ter tentado o suicídio pelo menos uma vez.
- Numa pesquisa envolvendo 5.000 homens e mulheres homossexuais, 35% dos homens e 38% das mulheres já haviam considerado seriamente ou mesmo tentado o suicídio.[7]
- Numa pesquisa nacional realizada com lésbicas, 24% (de idade entre 17 e 24 anos) já haviam tentado o suicídio, e 32% tinham pensamentos suicidas.[8]

Entrar na comunidade homossexual não resolve os problemas emocionais dos homens e mulheres que estão confusos quanto à sua identidade sexual, não importa quais sejam seus problemas. Além disso, os riscos emocionais, — principalmente a depressão, até o ponto do suicídio —, não são os únicos perigos que rondam os que buscam consolo e aceitação no estilo de vida homossexual.

O que Eu Poderia Ter Feito?

Desde o dia em que percebeu que sua secretária havia agendado uma audiência para a mãe de Robert, o reverendo Wilson começou a ficar apreensivo. Para dizer o mínimo, ela não era exatamente a sua ovelha predileta. Mas, enquanto entrava no gabinete, o reverendo pôde observar que sua arrogância havia desaparecido. Já a tristeza do seu coração era quase palpável e ficava suspensa no ar como uma névoa de dor.

— Pastor — começou ela, antes mesmo de se sentar, — o senhor já ouviu as novidades sobre o Robert?

O pastor olhou para ela e logo percebeu que o que estava por trás do seu rosto era mais do que sua costumeira desaprovação e controle.

— Sobre o Robert? Aconteceu alguma coisa com ele?

— Bem, o senhor sabe que ele está morando em Los Angeles com o... o senhor sabe... o amigo dele, Michael.

— Sim, eu sei. Ele conversou comigo antes de partir. Tentei fazê-lo mudar de idéia, mas ele estava decidido. Já faz quase um ano que ele se mudou, não é?

— Faz um ano na semana que vem. Mas não é disso que eu estou falando. O senhor já soube do resultado do teste?

O reverendo Wilson mostrou-se um tanto confuso, tentando se lembrar do que Robert lhe havia dito.

— Teste? Ele fez algum teste para o cinema? Que tipo de teste?

— O Teste do HIV. Ele é soropositivo.

O pastor engoliu o ar, como se tivesse levado um soco, e as lágrimas desceram-lhe pelo rosto.

— Oh, meu Deus! Isso não. Sinto muito. Não fazia a menor idéia.

— Achei que ele havia ligado para o senhor. Ele estava muito deprimido, é claro. Aparentemente, Michael não achou necessário contar a ele que tinha o vírus e, bem, eles não tomaram nenhum cuidado... — De repente, sua voz ficou embargada e ela começou a chorar. — Eu não suporto falar sobre isso. É tão... tão... terrível para nós.

— Será que Robert ficaria chateado se eu telefonasse? Ele sabe que a senhora veio conversar comigo?

Então, os olhos dela flamejaram de raiva e ela disse:

— Que diferença faz o que ele pensa ou deixa de pensar? Foi ele quem causou isso a si mesmo. E não apenas a ele, mas a todos nós. O que eu vou dizer agora para as minhas amigas?

Como vou explicar isso?

O reverendo Wilson lutou contra sua própria raiva diante do que estava ouvindo e procurou manter a voz o mais calma possível.

— Compreendo os seus sentimentos, mas, neste momento, minha preocupação maior é o Robert. Gostaria que a senhora lhe dissesse que conversou comigo e que eu gostaria muito de falar com ele. Gosto muito desse rapaz e ele precisa de apoio nesta hora. Depois que conversarmos podemos voltar a discutir a sua situação, se a senhora quiser. Mas, por enquanto, vamos dar prioridade ao seu filho.

Depois que a mãe de Robert saiu, o reverendo Wilson sentou-se e ficou muito tempo com o rosto entre as mãos, vencido pelo cansaço e pela tristeza. Será que ele poderia ter feito algo para evitar aquela situação? Poderia ter dito alguma coisa que mudasse a decisão de Robert?

Com um suspiro profundo, levantou-se, olhou pela janela e chamou a secretária pelo interfone:

— Vou sair para caminhar um pouco — explicou ele. — Preciso de ar fresco.

Com o coração pesado, o reverendo saiu para respirar o ar frio do outono, lamentando profundamente não ter podido fazer nada para evitar o que havia acontecido com Robert.

— Deus me ajude — orou em silêncio. — Mas o que eu poderia ter feito?

Os perigos para a saúde dos homossexuais não se limitam à AIDS, mas esta é a ameaça mais conhecida e mortal, pelo menos por enquanto. O escritor homossexual Gabriel Rotello fez o seguinte desabafo: "Quem iria encorajar seus filhos a se envolverem num estilo de vida em que há 50% de chance de serem infectados pelo HIV? Quem assumiria até uma posição neutra diante dessa possibilidade? A justificativa para a tolerância social ao homossexualismo baseia-se na premissa de que ele permite aos jovens *gays* terem igualdade de oportunidades na busca da felicidade. No entanto, essa justificativa está inexoravelmente minada por uma epidemia sem cura que lhes rouba toda e qualquer felicidade".[9]

É claro que a atividade sexual imprópria de qualquer tipo pode acarretar vários tipos de doenças sexualmente transmissíveis (DSTs), e basta ser exposto uma vez a estas bactérias e vírus para que ocorra o contágio. A promiscuidade heterossexual também representa grandes riscos à saúde e pode transmitir vários tipos de vírus, como o herpes genital, o cancro venéreo e até o HIV (sem mencionar a gravidez não planejada). Mas as estatísticas indicam que o HIV é transmitido, principalmente, por homens que mantêm relações homossexuais. Numa pesquisa realizada entre 1994 e 1995, nos Estados Unidos, os homens que praticavam sexo com outros homens representavam 51% de todas as vítimas da AIDS, em contraste com os 8% que relataram ter apenas contatos heterossexuais.[10]

Os resultados das pesquisas científicas sobre o comportamento sexual favorecem francamente os cristãos conservadores. Mas onde está a voz que chama atenção para estas descobertas? Nossa sociedade ainda vê a pesquisa científica como uma autoridade e, como a maré da evidência está a nosso favor, podemos afirmar com convicção que há motivos racionais e muito fortes para não estimular de forma alguma o estilo de vida homossexual.

MATTEW FRAWLEY[11]

Às vezes, ouve-se o argumento de que se os homossexuais fossem monógamos, ou se praticassem somente o sexo seguro, a ameaça da AIDS seria drasticamente reduzida. Ambas as afirmações são verdadeiras. Mas acontece que a comunidade homossexual não se caracteriza pela propensão a relacionamentos duradouros. As estatísticas sobre o número de parceiros varia, mas estima-se que alguns homossexuais masculinos cheguem a ter 500 parceiros sexuais ao longo da vida. Esse número pode ser discutível, mas um professor de inglês da Universidade Rutgers, chamado Michael Warner, afirma que o sexo promíscuo é a "essência da liberação *gay*". Uma notícia publicada nos jornais esclarece o ponto: "Embora possa ser difícil para um heterossexual entender o sexo anônimo com múltiplos parceiros, para muitos homossexuais ele é a pedra angular da liberação".[12] Para Warner e outros, a promiscuidade faz parte do estilo de vida de um *gay*.

Aplicando argumentos semelhantes, os homossexuais estão rejeitando a idéia do "sexo seguro" que, segundo eles, inibe o prazer que eles consideram como parte de sua identidade. Há muita discussão e especulação sobre as razões desse comportamento, tais como um sentimento de niilismo, a crença de que a cura da AIDS está prestes a ser alcançada, e padrões psicológicos autodestrutivos. Quaisquer que sejam as razões, o fato é que o Dr. William W. Darrow, professor de saúde pública, entrevistando um grupo de homossexuais masculinos de South Beach, Miami, em 1987, descobriu que 45% deles tinham praticado sexo anal sem o uso de preservativos, durante o ano anterior.[13]

Os riscos de se contrair a AIDS são indiscutíveis e, apesar dos milhões de dólares gastos em pesquisa, as notícias não são nem um pouco animadoras. Como escreve Gabriel Rotello na revista gay *The Advocate*: "Não há como um jovem de 15 anos dizer que a AIDS não é real, que ela é apenas um estereótipo homófobo, uma mentira inventada para fazer com que os homossexuais pareçam ruins. A AIDS é extremamente real, e se qualquer garoto for pesquisar na biblioteca local, encontrará pouco consolo nas estatísticas que prevêem que um terço dos homens de sua geração estarão infectados pelo HIV aos 30 anos, e a metade com a idade de 50 anos".[14]

É claro que a AIDS não é a única ameaça à saúde na comunidade *gay*. O conceituado *Journal of the American Medical Association*, através de um relatório, faz as seguintes afirmações:

- É de 84 para 1 o risco relativo de câncer anal em homossexuais masculinos, após um diagnóstico de AIDS, em comparação com a incidência de carcinoma anal na população em geral, considerando-se apenas os indivíduos do mesmo sexo e idade.
- A maioria dos casos de sífilis ocorre em homens homossexuais.
- Homens homossexuais têm um risco crescente de contrair diversas infecções gastrointestinais e DSTs (Doenças Sexualmente Transmissíveis).
- Lésbicas que apresentam fatores de risco para certos tipos de câncer e outras doenças são, às vezes, mal diagnosticadas porque não revelam sua orientação sexual.[15]

Outros relatórios sobre riscos à saúde em homossexuais corroboram essas afirmações:

- Três quartos dos homossexuais masculinos contrairão alguma DST ao longo da vida, e isso ocorrerá a mais de um terço destes a cada ano.[16]
- A expectativa de vida global dos homossexuais masculinos é cerca de trinta anos menor que a dos heterossexuais.[17]

Quando um jovem que está sendo arrastado para o homossexualismo se sente isolado, rejeitado e abandonado, a fantasia de que encontrará amor e aceitação na comunidade *gay* parece irresistível. Este jovem pode até encontrar realmente,um grupo de pessoas que experimentaram sentimentos e desejos semelhantes aos seus, mas a sensação de ter "finalmente encontrado um lar" é enganosa. Se isso é um lar, então não é mais seguro que aquele que ficou para trás. Por mais conturbado que fosse, e mesmo que não parecesse valer a pena viver ali, cabe uma outra pergunta: *Será que vale a pena morrer pelo homossexualismo?*

Será que É Tarde Demais para Voltar para Casa?

Além dos riscos emocionais e físicos envolvidos no estilo de vida *gay*, há ainda os riscos espirituais. Jovens que cresceram num ambiente cristão, ou que experimentaram um relacionamento com Jesus Cristo e que participaram de uma igreja cristã, passam por um verdadeiro tumulto espiritual. Alguns temem terem sido abandonados por Deus, ou de haverem cometido o "pecado imperdoável". Na época em que mais precisam de Deus, eles se sentem afastados e incapazes de se aproximar dEle para receberem a compaixão que um dia conheceram. E os que nunca receberam Jesus Cristo em suas vidas são os que correm um risco maior.

Quando o reverendo Wilson viu Robert sentado em seu gabinete, não conseguiu reconhecê-lo imediatamente. Aquele rapaz tão bonito estava incrivelmente magro e sua pele tinha uma palidez mórbida. Mas o pior de tudo, pelo menos para seu pastor, era a expressão de solidão e medo que havia em seus olhos. O pastor jamais esqueceria aquele encontro, e o pior é que, simplesmente, não sabia o que dizer. As palavras pareciam ter-lhe fugido à mente e Robert, percebendo a situação, resolveu quebrar o silêncio.

— Pastor, espero que o senhor não diga "Eu bem que avisei".

O reverendo balançou a cabeça tristemente e disse:

— Seria tão bom se eu pudesse dizer isso. Gostaria de ter dito alguma coisa, qualquer coisa que pudesse ter feito você mudar de idéia a respeito de ir para o Oeste. Mas a verdade é que eu não disse muita coisa.

— Não se culpe, pastor. A decisão foi minha, não sua.

— Eu sei, Robert, mas é que esta é uma hora muito difícil. É terrível. Gostaria de poder fazer alguma coisa para ajudá-lo. Diga-me: O que eu posso fazer? O que a igreja pode fazer? Você está precisando de algum tratamento especial?

— Eu estou perdido, pastor. Não há mais esperança para mim — disse Robert, demostrando em sua voz mais resignação do que autopiedade.

— Se a pessoa tem muito dinheiro, pode lutar contra essa doença e, pelo menos, comprar um pouco mais de tempo. Mas não é o meu caso.

— De quanto você precisa?

Robert deu um riso abafado e respondeu:

— Muito mais do que o senhor ou eu jamais veremos, acredite.

O reverendo Wilson balançou a cabeça.

— Fico feliz que você tenha voltado para casa, Robert. Sua mãe parece ter superado grande parte de sua raiva, e acho que irá tratá-lo com carinho.

Robert assentiu com um gesto e ensaiou um sorriso amarelo.

— É. Na verdade ela até me pediu desculpas por ter-se zangado comigo. Esta doença deixa a gente numa situação estranha. É como um fumante com câncer no pulmão. Metade das pessoas põe a culpa no próprio doente. Muita gente não se mostra compreensiva porque, na verdade, acha que se você é gay então merece o que aconteceu.

— Robert, espero que você não ache que nós pensamos desse

jeito. A única pessoa que eu culpo é a mim mesmo. Gostaria de ter conhecido melhor os riscos que você iria enfrentar antes de deixá-lo partir. E gostaria de ter sabido mais sobre a prevenção do homossexualismo. Talvez tudo isso pudesse ter sido evitado se eu tivesse me informado melhor sobre o que estava acontecendo à minha volta. Talvez tivesse podido ajudar você.

— Pastor, me lembro de uma época, quando eu estava entre os doze e os quinze anos, em que talvez algum tipo de prevenção ou intervenção surtisse efeito. Naquele tempo, embora sentisse uma certa atração por outros rapazes, eu não queria ser homossexual. Me lembro que odiava quando me chamavam de maricas, e ficava sonhando em conseguir uma namorada só para mostrar a eles que estavam errados. Mas quando vim aqui e lhe falei sobre o Michael e sobre me mudar para Los Angeles, eu já era sexualmente ativo e estava muito envolvido com o Michael. Acho que não teria ouvido o senhor, não importa o que dissesse, porque já estava convencido de que era gay e de que não havia nenhum outro tipo de vida para mim.

— E o que você acha agora?

— Tem muita coisa que eu não entendo, mas sei que, a menos que aconteça um milagre, vou morrer desta coisa em pouco tempo e, antes que isso aconteça, quero voltar a ter comunhão com Deus. Não é só porque estou pensando no céu. Nos últimos anos, tenho me sentido tão afastado de Deus, tão distante do seu amor. Senti saudades do senhor, dos meus amigos da igreja, da música, e até da Bíblia. Durante muito tempo, eu não podia nem ver uma Bíblia na minha frente. Agora, tenho fome da Palavra. Acho que sou uma espécie de filho pródigo que, finalmente, encontrou o caminho de volta para casa. O único problema é que não voltei a tempo de salvar minha vida.

Em alguns aspectos, nossa caminhada com Deus é frágil, porque somos criaturas emotivas e nossos "sentimentos" a respeito de Deus variam tanto quanto as condições do tempo, fazendo com que nem sempre nos sintamos "em contato" com Deus. Todo cristão passa por momentos em que Deus parece distante, em que o céu parece de bronze e o andar no Espírito parece um mero jogo mental.

É nesses períodos que, geralmente, nos sentimos levados a orar mais e a meditar nas Escrituras. Às vezes, murmuramos contra Deus e ficamos zangados com o seu "silêncio" e sua aparente indiferença, mas raramente deixamos de pensar no quanto precisamos dEle.

Entretanto, quando alguém está vivendo em pecado, a equação muda um pouco. Além de ficarmos emocionalmente afastados de nosso caminho com Deus, sentimos medo de não mais poder voltar. Lembramos de muitas passagens que falam sobre a ira de Deus, o juízo divino e o fato de que o pecado separa o homem de Deus, e nos perguntamos se Deus ainda se importa conosco. Em momentos como estes, outras vozes espirituais fazem coro com as acusações da nossa própria consciência e nos lembram o tempo todo de nossas constantes falhas, nossa fraqueza, nosso pecado. Isso traz desânimo e medo e, às vezes, faz com que nos tornemos rebeldes contra as leis de Deus, que não dão espaço aos nossos desejos carnais.

Pior ainda, ao cometermos um pecado ao qual estamos ligados emocionalmente, o arrependimento parece impossível. Quem está preso a algum tipo de vício conhece muito bem o quadro de vergonha e tristeza que faz com que, embora a pessoa deseje ardentemente ser curada por Deus, acabe sempre voltando ao vício. Quando alguém está tendo um caso heterossexual, a poderosa atração física e emocional faz com que a pessoa não se sinta capaz de abandonar "a única coisa que importa", e ela acaba se agarrando a idéias do tipo "Uma coisa que me faz tão bem não pode ser errada". Esse tipo de pensamento nos leva a ignorar o mal que estamos causando ao nosso espírito.

No caso do homossexualismo, a pessoa simplesmente não consegue pensar em arrependimento, porque isso implicaria mudanças e, para quem está envolvido com homossexualismo, mudar parece algo absolutamente impossível. Na realidade, pecado é pecado, e seja qual for a nossa fraqueza — violência, luxúria, cobiça, ciúme, preguiça, ódio — acabamos dizendo as mesmas coisas, consciente ou inconscientemente:

"Não posso evitar! Eu sou assim mesmo!".

"Foi Deus quem me fez assim; agora Ele vai ter que me aceitar do jeito que eu sou".

"Eu mudaria se pudesse, mas não consigo".

Quando o apóstolo Paulo se defrontou com sua própria natureza pecaminosa, expressou seu dilema de forma eloqüente: "Acho, então, esta lei em mim: que, quando quero fazer o bem, o mal está comigo. Porque, segundo o homem interior, tenho prazer na lei de Deus. Mas vejo nos meus membros outra lei que batalha contra a lei do meu entendimento e me prende debaixo da lei do pecado que está nos meus membros. Miserável homem que eu sou! Quem me livrará do corpo desta morte?" (Rm 7.21-24).

Paulo continua, e logo adiante escreve uma das mais maravilhosas mensagens jamais escritas aos pecadores: "Portanto, agora, nenhuma condenação há para os que estão em Cristo Jesus, que não andam segundo a carne, mas segundo o espírito. Porque a lei do Espírito de vida, em Cristo Jesus, me livrou da lei do pecado e da morte" (Rm 8.1,2).

Será, então, que não devemos nos arrepender porque o preço pelos nossos pecados já foi pago e não precisamos nos preocupar com as nossas fraquezas? Não, de forma alguma! O significado da Escritura é que, por meio de Cristo, podemos receber a salvação, ainda que estejamos lutando contra o pecado. Entretanto, em todo o Novo Testamento — desde a mensagem de João Batista, que preparou o caminho para a vinda de Jesus, até as cartas às igrejas no Apocalipse —, a necessidade de arrependimento do pecado para que haja um relacionamento com Jesus Cristo é sempre enfatizada. Mesmo que já o tenhamos convidado para ser o Senhor da nossa vida, precisamos nos arrepender para estar em comunhão com Ele. Em resumo, não podemos continuar em pecado e andar com Jesus, como se não houvesse nada de errado.

Em 1 João 1.9, lemos: "Se confessarmos os nossos pecados, ele é fiel e justo para nos perdoar os pecados e nos purificar de toda injustiça". O versículo começa com a palavra *se*, e a implicação dessa palavra é que *não havendo confissão*, Ele não nos perdoa nem nos purifica.

O que isso tudo tem a ver com os riscos do homossexualismo? A comunidade *gay*, como um todo, não crê que o homossexualismo seja pecado. As pessoas que escolheram a identidade homossexual, acreditam que fizeram o que era certo, e não errado. Qualquer palavra dita dentro da comunidade *gay* sobre arrependimento ou pecado, cai imediatamente no descrédito e vira objeto de zombaria e violenta rejeição. Até as igrejas que se autodenominam cristãs, existentes dentro da comunidade, fazem uma reinterpretação da Bíblia para remover todas as afirmações negativas sobre o homossexualismo, como vimos no capítulo anterior.

No aspecto emocional, o estilo de vida homossexual é um campo minado, e são poucas as pessoas que passam por ele ser serem atingidas pela dor, confusão e revolta. É uma zona de guerra que ameaça seus habitantes com doenças, drogas, depressão e morte. E o pior de tudo, ao vislumbramos a vida eterna, vemos não ser possível manter um relacionamento pessoal com Deus, e a perda de sua presença é percebida de forma dramática pelos que já andaram com Ele. Basta dizer que o pecado constante e sem arrependimento significa, no mínimo, que o nosso relacionamento com Deus está rompido e teremos de enfrentar sozinhos as conseqüências dos nossos atos, sem a sua presença e orientação constantes.

Um amigo meu, que deixou a comunidade homossexual depois de vinte e cinco anos de envolvimento, diz que o pior aspecto de toda a sua experiência é a auto-absorção desenfreada daquela cultura: "Na minha opinião, o maior perigo, do ponto de vista espiritual, é o extremo narcisismo que existe dentro da comunidade *gay*. A conseqüência deste narcisismo é uma completa ausência de intimidade. Isto pode parecer contraditório, considerando-se o volume de intimidade sexual que existe ali. Mas a verdadeira intimidade cristã, que é a capacidade de cultivar relacionamentos marcados pela profundidade, compaixão e empatia com outros seres humanos, é impossível num ambiente onde o narcisismo campeia".[18]

Abandonar este tipo de vida requer uma total transformação dos padrões mentais, reações condicionadas e hábitos de comportamento. Sem dúvida, é uma mudança assustadora. É como abandonar a idolatria que se praticou a vida inteira e abraçar a fé no Deus verdadeiro. Se a escolha é feita com fé, ela requer que o futuro seja colocado sob a direção do Espírito Santo e que todos os possíveis resultados fiquem nas mãos de Cristo.

O que Deus faz quando um pecador que anseia pela sua presença decide que é hora de se arrepender e voltar para casa? Qual deve ser a atitude dos crentes fiéis ao ver esse pecador voltando para casa fraco, ferido e maltrapilho? Felizmente, existe um exemplo na Bíblia que responde a essas perguntas.

Jesus contou a história de um rapaz que chegou à conclusão de que não queria mais continuar vivendo uma vida desregrada. Depois de passar por privações, solidão e doenças, ele decidiu voltar para a casa de seu pai, sem se preocupar com o que poderia lhe acontecer. Não sabemos que pecados ele havia cometido enquanto estava longe de casa. Não sabemos, especificamente, o que ele fez, nem porque, nem com quem, mas a Bíblia diz que ele gastou todo o seu dinheiro "vivendo em dissolução". Finalmente, seus olhos buscaram o caminho de casa.

> E, caindo em si, [...] foi para seu pai; e, quando ainda estava longe, viu-o seu pai, e se moveu de íntima compaixão, e, correndo, lançou-se-lhe ao pescoço, e o beijou.
> E o filho lhe disse: Pai, pequei contra o céu e perante ti e já não sou digno de ser chamado teu filho.
> Mas o pai disse aos seus servos: Trazei depressa a melhor roupa, e vesti-lho, e ponde-lhe um anel na mão e sandálias nos pés, e trazei o bezerro cevado, e matai-o; e comamos e alegremo-nos, porque este meu filho estava morto e reviveu; tinha-se perdido e foi achado. E começaram a alegrar-se.
> E o seu filho mais velho estava no campo; e, quando veio e chegou perto de casa, ouviu a música e as danças. E, chamando um dos servos, perguntou-lhe que era aquilo. E lhe disse: Veio teu irmão; e teu pai matou o bezerro cevado, porque o recebeu são e salvo.
> Mas ele se indignou e não queria entrar. E, saindo o pai, instava com ele. Mas, respondendo ele, disse ao pai: Eis que te sirvo há tantos anos, sem nunca transgredir o teu mandamento, e nunca me deste um cabrito para alegrar-me com os meus amigos. Vindo, porém, este teu filho, que desperdiçou a tua fazenda com as meretrizes, mataste-lhe o bezerro cevado.
> E ele lhe disse: Filho, tu sempre estás comigo, e todas as minhas coisas são tuas. Mas era justo alegrarmo-nos e regozijarmonos, porque este teu irmão estava morto e reviveu; tinha-se perdido e foi achado.[19]

Segunda Parte:

Relações e Relacionamentos

Até aqui, temos visto e explicado algumas questões pertinentes ao homossexualismo. Falamos sobre as experiências na infância, sobre costumes, sobre atitudes cristãs e sobre todas as variáveis que preparam o caminho para o estabelecimento de uma orientação homossexual em homens e mulheres. Tentamos nos concentrar nos meios que podemos utilizar para evitar que um jovem siga um tipo de comportamento que pode acabar levando ao homossexualismo.

Agora, gostaria de mudar um pouco o formato do livro. Nos dois próximos capítulos, convido o leitor a juntar-se a mim e ao meu amigo Sam, na sala de estar lá de casa. Faz muito frio e nós estamos confortavelmente sentados em frente à lareira, bebendo café.

Sam me telefonou e marcou essa visita. Ele queria conversar e falou algo sobre sua família estar se desmoronando.

— E, para completar — disse ele, — parece que um dos meus filhos é homossexual.

Sam sabia que eu já havia trabalhado com pacientes de AIDS e com pessoas que tinham problemas familiares.

— Também ouvi dizer que você está tentando fazer algo a respeito da prevenção do homossexualismo — acrescentou ele.

Sam e eu pescamos juntos há muitos anos e, como a maioria dos homens, nunca falamos muito sobre a nossa vida pessoal. Mas, de repente, ele sentiu necessidade de conversar comigo sobre assuntos muito íntimos e dolorosos. O leitor vai perceber que, de início, a conversa gira em torno da família e do ambiente familiar, e não falamos sobre homossexualismo. Algumas coisas que já disse nos capítulos anteriores serão repetidas quando for oportuno. No fim, abordaremos a questão mais importante de todas: o perdão, pois, como o leitor já sabe, a orientação homossexual tem sua raiz nos relacionamentos familiares viciosos e nos problemas causados por eles. Se Deus nos der sabedoria e graça, poderemos fazer com que o perdão também seja o ponto final nas situações desse tipo que acontecem conosco, ou com as pessoas que conhecemos.

Capítulo Seis

Como Podemos Criar uma Atmosfera de Amor no Lar?

Sam e eu nos sentamos nas poltronas em frente à lareira. Falamos um pouco sobre amenidades e, depois, tentei dirigir a conversa para aquilo que o tinha trazido até minha casa.

— Bem, Sam, antes de mais nada, quero ter certeza de que você está ciente de algumas coisas. Em primeiro lugar, há uma diferença básica entre você e eu. Sabe qual é?

Ele me olhou por um momento e depois deu um riso abafado, dizendo:

— Sei, Don. Como seu cabelo está grisalho, você deve ser mais velho que eu.

— É isso aí. Sou bem mais velho que você. Mas não é essa a questão. Quero que saiba que, muito provavelmente, já cometi mais erros que você, e se os meus erros servirem para ensinar-lhe alguma coisa, então faremos algum progresso.

Sam parecia um tanto surpreso.

— O que eu espero de você é poder ver o problema de um outro ângulo, Don.

Eu balancei a cabeça e continuei:

— Tem uma outra coisa que eu gostaria de dizer. Era o lema da minha escola, e dizia o seguinte: "Conhecimento sem aplicação constrói apenas metade de um homem". Jesus Cristo disse algo semelhante, que está registrado em Mateus 7.24-27. Ele contou a história de um homem que construiu sua casa na areia e de um outro que construiu a sua sobre a rocha. Quando veio a tempestade, a única casa que ficou de pé foi aquela construída sobre a rocha. Jesus comparou essa construção com a atitude de um homem sábio que não apenas ouve a Palavra de Deus, mas edifica sua vida com base nela.

Sam me olhou bem dentro dos olhos, com uma expressão muito séria, e disse:

— Eu não estaria aqui se não tivesse a intenção de seguir o seu conselho.

— Bem, Sam, você demonstra sabedoria porque deseja ver mudanças na sua própria vida e, mais ainda, porque deseja tornar a vida melhor para aqueles que ama.

— Don, o fato é que minha vida não pode continuar do jeito que está.

Pude perceber pela sua expressão sincera que Sam tinha vindo conversar comigo de mente e coração abertos. Meu objetivo era ajudá-lo a ver alguns padrões de comportamento que costumam destruir uma família. Àquela altura, eu já havia compreendido que esses mesmos padrões podem levar um jovem a ingressar no homossexualismo, e sabia que, se o ajudasse a colocar sua família num terreno mais firme, estaria também ajudando seu filho.

— Sam, quero começar falando sobre as bases da boa comunicação e integração familiar. Esses princípios valem para qualquer pessoa, homem ou mulher, casado ou solteiro, com ou sem filhos, jovem ou velho. Toda pessoa normal tem três necessidades básicas e permanentes.

Sam concordou, ansioso, dizendo:

— Sei o que você quer dizer; coisas como alimentação, abrigo e calor, certo?

— Essas coisas são importantes, mas, neste momento, estamos falando de relacionamentos e eu me refiro a um outro tipo de necessidades. No aspecto emocional, todos nós precisamos de três coisas: precisamos ser ouvidos, nos sentir amados e sermos levados a sério.

A expressão no seu rosto mostrou que ele compreendeu rapidamente o que eu havia dito, mas, como ocorre com a maioria de nós, sua primeira reação dizia respeito a si mesmo: sim, era disso que Sam precisava. Foi necessário um pouco mais de tempo para ele perceber que os outros membros da família também precisavam das mesmas coisas. Só depois que ele entendeu isso é que a nossa conversa começou a ficar mais produtiva.

Aprendendo a Ouvir

Nós, adultos, nos sentimos lisonjeados quando alguém nos ouve. Ter a atenção integral de alguém faz com que nos sintamos importantes para a pessoa que nos ouve e, geralmente, saímos com a sensação de que somos queridos. Mas se a pessoa sai enquanto estamos no meio de uma frase, nos sentimos feridos, rejeitados e insultados. Acima de tudo, achamos que não somos importantes, e ninguém gosta de se sentir assim.

Algumas pessoas são melhores ouvintes que outras. Muitos de nós — e eu me incluo neste grupo — fazem um esforço enorme para serem bons ouvintes. Talvez sejamos um pouco egoístas, ou então temos medo que a pessoa prove seu ponto de vista e ganhe a discussão, ou ainda pode ser que ouvir as idéias dos outros simplesmente não faça parte da nossa personalidade. Entretanto, mesmo que prefiramos dizer o que temos a dizer e ir embora, precisamos aprender a parar e ouvir o outro.

Uma vez, no início do nosso casamento, quando minha mulher Diana voltou para casa depois de um duro dia de trabalho, compreendi que se eu apenas me sentasse, prestasse atenção e realmente ouvisse o que ela tinha a dizer, sem querer dar nenhum conselho “brilhante”, ela se sentiria à vontade para me contar suas frustrações no trabalho. Depois de desabafar comigo, ela saía cantando e ia cuidar dos seus afazeres com o coração bem mais leve. Bastava apenas eu me sentar, ouvir com atenção e ficar de boca fechada para fazer minha mulher passar uma noite agradável. Diana só queria uma caixa de ressonância. Ela precisava saber que alguém estava ouvindo. De qualquer forma, não foi má idéia parar de dar palpites no seu trabalho, porque eu não entendo mesmo nada do que ela faz.

Naturalmente, os homens também precisam ser ouvidos. A esposa que mostra interesse genuíno no trabalho do marido pode contribuir muito para aumentar a sua auto-estima. Contudo, ao contrário das mulheres, a maioria dos homens acha mais fácil falar sobre assuntos abstratos e menos pessoais. A verdade é que todos nós queremos ser ouvidos, e esta necessidade é comum a ambos os sexos.

Aprender a ouvir pode parecer uma questão sem importância, mas a verdade é que a falta de atenção pode se transformar num grande problema conjugal se uma outra pessoa entrar no circuito para preencher essa necessidade. Secretárias, antigas namoradas ou namorados, vizinhos prestativos, colegas de trabalho, amigos e conhecidos têm o potencial de se tornarem participantes de aventuras extraconjugais com maridos e esposas solitários. As ligações sexuais ilícitas geralmente começam com conversas sinceras, e não com erotismo instantâneo ou desejo incontrolável.

Graves problemas surgem também quando os pais despejam seus problemas em cima dos filhos. Muitas vezes os filhos são ainda muito imaturos para compreender os assuntos discutidos. Filhos que se transformam em confidentes forçados do pai ou da mãe têm grande probabilidade de desenvolver um relacionamento deturpado com um ou com ambos os pais. De fato, este tipo de interação nociva pode acabar contribuindo para o surgimento de tendências homossexuais.

Num artigo intitulado "Healing Homossexuality" (Curando o Homossexualismo), Richard Cohen afirma o seguinte: "A necessidade de amor homossexual é, em essência, a busca pelo amor paterno. O homossexual busca preencher necessidades normais de ligação afetiva que lhe foram anormalmente negadas durante o processo de crescimento".[1] É óbvio que, se uma criança tem de atuar como confessor, conselheiro ou confidente de um dos pais, ela não está tendo um processo normal de crescimento.

Minha opinião é que o homossexualismo não está ligado a predisposição genética, desequilíbrio hormonal ou até a um processo educacional anormal, como geralmente se supõe, mas sim a problemas de relacionamento entre pais e filhos, principalmente nos primeiros anos de vida.

Elizabeth Moberly[2]

Sam podia não ter aprendido ainda a ouvir a esposa, mas estava me ouvindo com muita atenção. Eu queria que ele falasse mais um pouco sobre o que estava acontecendo, então perguntei:

— Sam, você acha que as crianças também têm a mesma necessidade de serem ouvidas que os adultos?

— Nunca pensei sobre isso, mas imagino que elas devem sentir necessidade das mesmas coisas que nós. Por falar nisso, agora me lembrei que, quando eu era criança, tinha a sensação de que ninguém me escutava. Eles sempre me diziam: "As crianças precisam ser vistas, não ouvidas". Lembro que me sentia meio frustrado, mas não sabia bem por quê.

Todos pensam que os adultos sempre sabem o que estão fazendo, mas a maioria de nós parece ter uma extrema habilidade para repetir com os filhos os mesmos erros de que fomos vítimas na infância. Fazemos isso sem pensar, e a única maneira de quebrar este círculo vicioso é identificando os erros de nossos pais e tomando a decisão de não repeti-los.

A verdade é que as crianças têm mais necessidade de serem ouvidas que os adultos. Elas ficam muito frustradas quando não conseguem ter uma interação significativa com os pais, e isso pode ser extremamente prejudicial ao seu desenvolvimento. Então, quando alcançam a adolescência, são eles que cortam a comunicação.

Quando nossos filhos eram adolescentes, parecia que não havia jeito de fazer com que eles nos contassem o que estava acontecendo em suas vidas. Embora eu e minha mulher fizéssemos de tudo para conversar com eles, recebíamos sempre as mesmas respostas: "Nada de novo", ou "Sei lá", e quanto menos eles falavam conosco, mais preocupados nós ficávamos. Todos os nossos esforços davam em nada, pois eles simplesmente se recusavam a compartilhar conosco qualquer coisa relacionada com sua vida pessoal. Às vezes eles diziam alguma coisa, respondendo a uma pergunta nossa, mas não havia intimidade.

Um dia, saímos para almoçar e, pela primeira vez em muitos anos, eles começaram a falar sobre coisas *reais*. Ficamos surpresos e começamos a nos perguntar "O que será que deu neles?". Naquele dia, descobrimos duas coisas interessantes.

A primeira foi que o fato de estar num restaurante significava que tínhamos os garotos só para nós. Em casa, parecia que os outros meninos da vizinhança estavam sempre esperando por eles para fazerem alguma coisa, mas ali a atenção não estava dividida. Em segundo lugar, o restaurante era zona neutra, enquanto a casa estava impregnada da autoridade paternal. Ali, os rapazes se sentiam em condições de igualdade e, quando descobrimos o potencial daqueles encontros, passamos a planejar um almoço todo fim de semana. Aquilo acabou sendo uma bênção para todos nós.

Jesus era um ouvinte formidável. O Novo Testamento revela que Ele não apenas ouviu de um modo especial, como demonstrou uma compreensão ímpar ao responder a duas irmãs que enfrentavam o mesmo problema. Elas tinham personalidades diferentes e, portanto, necessidades diferentes. Em João 11.1-45, lemos sobre a morte de Lázaro, irmão de Maria e Marta, e sobre a melhor coisa que Jesus poderia ter feito por elas: a ressurreição de Lázaro.

Mas, antes de realizar esse milagre, Jesus foi procurado por Marta, uma mulher cuja mente era do tipo analítica. Jesus sabia que ela necessitava de uma conversa que respondesse às suas dúvidas e manteve com ela um diálogo significativo e instrutivo. No entanto, Maria era uma pessoa sensível e intuitiva, e Jesus percebeu que ela não precisava de palavras, mas de alguém que chorasse com ela.

O exemplo de Jesus ensina que devemos tentar conhecer os membros de nossa família tão bem a ponto de responder às suas necessidades individuais de modo específico e enriquecedor. Só conseguimos fazer isso quando aprendemos a ouvir os outros com atenção.

Não ser ouvido é algo que magoa e pode arruinar um relacionamento, levando a pessoa a estabelecer laços pouco saudáveis. Nossa capacidade de ouvir pode afetar decisivamente o comportamento dos nossos entes queridos, determinando até que tipo de pessoas eles buscarão para satisfazer suas necessidades no futuro. Quando nossos filhos não são ouvidos, seu desenvolvimento pode ser seriamente prejudicado.

Gosto de ler sobre a vida e o ministério de Jesus, pois isso me dá uma outra perspectiva sobre a imagem que algumas pessoas tentam passar. Por exemplo, parece que as crianças gostavam de ficar perto de Jesus, e eu nunca vi uma criança gostar de uma pessoa carrancuda e severa. As crianças são grandes juízes de caráter; elas parecem "ler" as pessoas e conseguem saber direitinho quando um adulto não gosta delas. Se elas corriam para perto de Jesus, isto me diz que Ele deveria ser uma pessoa sorridente, divertida e que até brincava com as crianças. Ele era autêntico.

Jay Kesler[3]

A Delicada Arte de Valorizar os Outros

Durante a conversa, Sam começou a falar sobre um sentimento que a maioria das esposas experimenta de vez em quando.

— Não sei se isso acontece com você, Don, mas eu entendo bem essa necessidade de reconhecimento. Ontem à noite, assim que cheguei em casa depois de um dia daqueles, minha mulher me recebeu com um monte de exigências: "Já depositou o cheque do pagamento? Você telefonou para o técnico para ele vir consertar a máquina de lavar; ela está vazando água e molhou todo o chão da área. Será que você poderia levar a Judy para a aula de piano e depois comprar leite na volta?". E isso tudo só nos primeiros dez segundos!

— Sam, talvez o que fez você se sentir mal não tenha sido o que sua mulher disse, mas sim o que deixou de dizer — sugeri.

— Exatamente. Quando ela diz que está feliz de me ver, eu já sei que está querendo alguma coisa. Ela nunca me faz um elogio sincero. Talvez eu esteja errado, mas a impressão que tenho é de que ela só está interessada no que eu possa dar a ela.

— Então, você sente que é um elemento essencial no funcionamento da casa, mas não é valorizado?

— Acho que você captou a idéia. Eu me sinto como um caixa eletrônico que fornece o dinheiro para que todos fiquem felizes.

— Mas, espere um momento, Sam. Você não me disse uma vez que esse negócio de "sentimento" era coisa de mulher? Acho que você falou que um homem de verdade não se deixa levar por seus sentimentos, que resolve os problemas com calma e lógica, não é?

Sam parecia meio incomodado:

— Não gosto muito que fiquem me lembrando do que eu disse, mas acho que você tem razão.

— Desculpe, Sam. Mas, me diga uma coisa, você acha que sua esposa se sente valorizada?

— Acho que sim. Na semana passada, eu disse a ela que o jantar estava muito bom. Foi o mesmo que dizer que eu apreciei o que ela fez para mim. Ela até esboçou um sorriso e agradeceu. Mas eu procuro não exagerar nesse tipo de coisa. Acho que um cumprimento deve ser sincero e especial. Um homem não deve ficar elogiando muito a esposa porque ela pode acabar ficando convencida.

— Então quer dizer que você a elogiou por causa do jantar, mas normalmente não faz nenhum comentário, nem demonstra o quanto ela é importante para você, não é? Você não percebe que, agindo assim, está dando a entender que todas as outras refeições que ela prepara não estão lhe agradando?

— Mas o que isto tem a ver? Não estou entendo onde você quer chegar, Don.

— Sam, você já disse alguma vez para a sua esposa: "Meu bem, eu te amo por você ser exatamente do jeito que é"? Alguma vez você comprou flores para ela, num dia que não era nenhuma data especial, só para mostrar que você a ama?

Sam ficou calado um bom tempo e depois perguntou:
— Você faz isso, Don?
— Faço, mas gostaria de fazer mais vezes. Diana é minha melhor amiga, minha mulher, mãe dos nossos filhos e o amor da minha vida.
Sam ficou olhando para mim fixamente. Percebia-se que ele estava tentando controlar sua irritação, mas que também parecia estar chegando a algumas conclusões a respeito de seus problemas. Depois de algum tempo, ele fez a pergunta que estava presa na garganta:
— Você fala mesmo essas palavras; quero dizer, você sabe, coisas como "Eu te amo"?

Desde os primeiros tempos de casado, sempre amei Diana de verdade, mas tive muita dificuldade em aprender a verbalizar os meus sentimentos. Eu ficava sem jeito e me sentia artificial quando tentava dizer palavras gentis e carinhosas. Diana me dizia freqüentemente que me amava e isso deveria me ajudar, mas a verdade é que levei muitos anos até aprender a expressar meu amor em palavras.

Mais uma vez, a raiz do problema estava naquilo que aprendi na infância, com a minha família. Eu sabia que meus pais me amavam, mas, naquela época, não era comum ouvir ou falar a frase "eu te amo". Felizmente, hoje em dia essa frase faz parte do meu vocabulário normal, embora eu tenha levado muito tempo para aprender. Em nossa família, raramente alguém termina uma conversa telefônica sem dizer "eu te amo". Mas isso não foi sempre assim, e nós atravessamos muitas dificuldades antes que as coisas começassem a mudar.

A maioria das pessoas se sente mais à vontade com as expressões de carinho que aprendeu na infância e, se não fizermos um esforço consciente para mudar os padrões que aprendemos de nossos pais, vamos tratar nossos filhos e cônjuge da mesma maneira que fomos tratados. O problema é que muitos de nós não fomos tratados com apreço quando crianças.

Portanto, tudo o que vós quereis que os homens vos façam, fazei-lho também vós, porque esta é a lei e os profetas (Mt 7.12).

Por exemplo, a maioria dos pais deseja que os filhos tenham mais sucesso na vida do que eles tiveram. Manter altos padrões e expectativas é algo louvável, mas será que elogiamos nossos filhos e os valorizamos, mesmo quando eles não alcançam a meta que estabelecemos?

Houve um tempo em que eu elogiava meus filhos muito raramente. No meu ponto de vista, na maioria das vezes eles não mereciam nenhum elogio. Nossos filhos não são do tipo "intelectual" e realmente precisavam de muitas horas na frente dos livros para tirar as notas que obtinham nas provas. Porém, minhas expectativas de pai estavam, na maioria das vezes, muito além do nível que eles conseguiam alcançar. Em certas matérias eles até eram muito bons, e isso me deixava orgulhoso. Mas eu esperava excelência em todas as áreas e achava que eles não mereciam nenhum elogio se não tirassem nota dez em tudo.

Quando um dos meus filhos terminou o primeiro grau, durante a cerimônia fiquei observando os alunos que recebiam prêmios pelo desempenho escolar. Enquanto os prêmios eram distribuídos, fiquei ali me lamentando porque o meu garoto não recebia nenhum. De certa forma, eu me culpava e pensava: *Meus filhos não têm as habilidades necessárias.*

No final da cerimônia, antes da entrega dos certificados, o diretor fez mais uma apresentação:

— Agora, faremos a entrega de um prêmio muito especial, que nunca foi concedido antes por esta escola — explicou ele. — Este prêmio será entregue ao aluno que teve o melhor desempenho nos esportes e melhor conduta, tanto nas quadras quanto em sala de aula. Além disso, também demonstrou um caráter maduro, no relacionamento com seus colegas e professores. Chamo agora o aluno...

Antes que eu pudesse prender a respiração, meu filho estava caminhando pelo corredor para receber seu magnífico prêmio. Logo percebi que não poderíamos ter ficado mais orgulhosos, ainda que ele tivesse ganho todos os outros prêmios. Nosso filho havia demonstrado caráter e sensibilidade a seus colegas e professores, mesmo estando longe de casa e sem os pais por perto para controlar suas ações. O que mais um pai poderia querer?

Nem preciso dizer que fiz um rápido exame de consciência e fui procurar meu filho para lhe dar um grande abraço e dizer como eu e Diana estávamos orgulhosos dele.

Esse acontecimento foi um divisor de águas na minha vida, pois percebi que meus filhos mereciam muito mais crédito do que eu estava disposto a dar. Depois disso, comecei a me expressar de uma forma muito mais generosa. Agradeço a Deus pois, hoje em dia, nossos dois filhos estão muito bem em suas profissões e seus colegas e patrões sempre os elogiam pelo excelente padrão de qualidade no trabalho e por seu caráter. Só lamento ter demorado tanto tempo para compreender o quanto eles precisavam dos elogios de seu pai.

Entretanto, não basta elogiar as pessoas que amamos por aquilo que elas fazem. Precisamos estender nosso apreço a um outro nível, elogiando-os pelo que são: pessoas especiais, criadas à imagem de Deus. Isso significa expressar nosso orgulho, gratidão e afeição, a despeito de ações ou realizações. Ou seja, dizer: "Eu te amo pelo que você é, e por ser uma pessoa única no mundo".

Esta é uma responsabilidade particularmente importante para os pais, e está irremediavelmente ligada à prevenção do homossexualismo. Quase todas as publicações que tratam das causas do homossexualismo, quer sejam editadas por *gays* ou não, afirmam que a relação entre pai e filho é um dos fatores mais importantes no desenvolvimento da orientação homossexual.

Em seu livro, *How Fathers Raise Homossexual Sons* (Como os Pais Criam Filhos Homossexuais), o Dr. Toby Bieber escreve: "De fato, uma mãe pode ser destrutiva, mas a verdade é que o pai pode defender os filhos. A importância do relacionamento correto entre pai e filhos é reconhecida há muito tempo. Nas palavras de Sigmund Freud, *O que uma criança mais necessita na infância é a proteção do pai.* Os psiquiatras estão sempre repetindo a mesma coisa: *Nunca vi nenhum homossexual que tivesse um bom relacionamento com o pai".*

De fato, as pesquisas mais recentes revelam que os pais parecem ter o poder de veto absoluto sobre o desenvolvimento do homossexualismo nos filhos, e isso não se consegue com críticas, exigências, humilhações, ou outras formas de controle. A equipe do Dr. Bieber escreveu em sua pesquisa:

> Chegamos à conclusão de que um pai que dá apoio, carinho e incentivo ao filho, impede que ele se torne um homossexual, pois atua como um agente protetor e neutralizador, caso a mãe tente estabelecer ligações possessivas ou sedutoras.

> O fator vital é a qualidade do amor paterno que um garoto recebe, e, às vezes apenas a simples lembrança dele, reforçada pela mãe. Os filhos precisam ser capazes de admirar e se identificar com o pai para se tornarem heterossexuais bem ajustados.[4]

O pai desempenha um papel incomparável na vida dos filhos adolescentes, e uma de suas responsabilidades essenciais é reforçar a auto-estima deles. É interessante observar que a voz de Deus Pai fala de modo audível três vezes no Novo Testamento. Em cada uma dessas ocasiões, Ele está falando a respeito do Filho, e a voz foi ouvida pelos que estavam perto. Na minha opinião, quando a voz de Deus se faz audível, é melhor prestarmos atenção no que Ele tem a dizer e descobrir o que o exemplo tem a nos ensinar.

Depois que Jesus foi batizado por João no rio Jordão, Deus Pai disse: "Tu és o meu Filho amado, em quem me comprazo" (Mc 1.11).

No monte da Transfiguração, Deus Pai disse: "Este é o meu Filho amado; a ele ouvi" (Mc 9.7b).

Antes da crucificação, quando Jesus orou, dizendo: "Pai, glorifica o teu nome", Deus Pai respondeu: "Já o tenho glorificado e outra vez o glorificarei" (Jo 12.28). Deus quis que o mundo inteiro soubesse que a vida de Jesus tinha preenchido todas a as suas expectativas e glorificado o seu nome.

Deus, o Pai perfeito e ideal, elogiou seu Filho, e o fez publicamente.

Se o Pai de Jesus considerou importante elogiar seu Filho de forma audível, mesmo quando Ele tinha mais de trinta anos, o que dizer de nós? Nós, pais terrenos, deveríamos elogiar nossos filhos e filhas toda a vida.

O Pai como Chefe da Família

A passagem bíblica que melhor descreve a função de uma família espiritual encontra-se em Efésios 5.21-33. Esta passagem exorta solenemente o marido a amar sua esposa como Jesus amou a Igreja, entregando-se a si mesmo por ela. É claro que essa responsabilidade implica em muita abnegação, para poder estar à altura desse exemplo supremo. Um pai deve realmente ter no coração o desejo de fazer o melhor por cada membro da família, e de se colocar no papel de servo.

Deus colocou o homem como chefe da família, e esse grande privilégio implica em grande responsabilidade. É um privilégio dar o exemplo de santidade e refletir na terra o cuidado de Jesus pela Igreja, sendo um modelo para as ações do resto da família.

Ser o chefe da família não é mostrar que mandamos mais que os outros e exigir respeito, mas sim ser um exemplo de cuidado e ternura e criar uma atmosfera em que cada membro da família possa desenvolver o amor e o respeito pelos outros. Cada marido e pai tem o privilégio de ser um "servo-líder" de sua casa.

A mulher também tem o importante papel de se sujeitar "ao marido, como ao Senhor". Mais adiante, na mesma passagem, está escrito: "a mulher reverencie o marido". Esse papel não será difícil para ela se o marido der o exemplo, amando genuinamente a esposa e a família, não só em palavras, mas também nas ações. Efésios 5.21 afirma: "Sujeitando-vos uns aos outros no temor de Deus". Isso se aplica a todos os membros da família, especialmente ao marido e à mulher. Finalmente, o capítulo seguinte começa com as palavras: "Vós, filhos, sede obedientes a vossos pais no Senhor, porque isto é justo".

Podemos ver essas admoestações como muito difíceis e proibitivas, ou então considerá-las como a fórmula de Deus para criar uma família saudável e bem ajustada. Porém, uma pergunta hipotética vem à minha mente quando penso sobre isso: Se as famílias funcionassem segundo essa fórmula, será que estaríamos enfrentando os problemas sociais que vemos hoje em dia?

Levando os Outros a Sério

Enquanto servia outra xícara de café ao Sam, pensei na situação de sua família e em quantas mudanças eu esperava que ele assimilasse. Então, me sentei e disse:

— Bem, Sam, vamos falar sobre a necessidade de sermos levados a sério?

Ele tomou outro gole de café e respondeu:
— Sou todo ouvidos, Don, mas não sei exatamente o que você quer dizer com essa expressão. Sempre que escuto a palavra "sério", penso numa pessoa rude, desagradável, severa e crítica. Aliás, já me disseram que minha própria família me acha um pouco assim, às vezes. É isso que você quer que eu confesse agora?
— Não, Sam, não é nada disso. Quando digo que todos querem ser levados a sério, estou dizendo que precisamos nos sentir importantes, ser respeitados, sentir que nossas contribuições são valiosas, e, principalmente, saber que ninguém vai zombar ou fazer pouco de nós.
— Ah, sim — disse Sam, com um suspiro. — Tem razão. Essa necessidade é realmente importante.
Pude ver nos seus olhos que ele sabia muito bem o que estava dizendo.

Ser levado a sério é, realmente, coisa séria. Quando isso não acontece, a pessoa se sente como se tivesse sofrido uma violência, como se tivesse sido assaltada e deixada no local para morrer, com a vida se esvaindo pelas feridas emocionais. O resultado da constante zombaria, menosprezo, pouco caso e outras formas de rebaixamento é um espírito amargurado, zangado e rebelde, ou então uma depressão.

Não importa qual seja a questão, nem a maneira como ela é colocada, tanto o marido quanto a mulher precisam saber que suas opiniões são importantes, e que suas idéias, pensamentos e pontos de vista não estão caindo no vazio. É claro que, às vezes, os comentários do cônjuge podem parecer mais uma implicância ou crítica do que uma simples opinião, principalmente quando dizem respeito a assuntos de ordem pessoal. Contudo, mesmo essas opiniões merecem ser ouvidas e discutidas e, se necessário, deve-se ponderar sobre o assunto e mudar de atitude.

Para dizer a verdade, no que diz respeito a mim e a outros conhecidos, o sexo masculino tem um grande problema nesta área, e lamento dizer que, algumas vezes, eu fui o primeiro da fila. Depois de vários anos procurando ouvir minha mulher e vendo quantas vezes as opiniões dela têm sido acertadas, seria de se esperar que eu recebesse bem as suas sugestões. Mas isso nem sempre acontece. Não sei se é um traço cultural, ou orgulho masculino, ou apenas minha velha natureza pecaminosa querendo fugir-me ao controle.

Para as mulheres, essa fraqueza no caráter do marido é extremamente frustrante. Assim como ocorre com a arte de bem ouvir e com a valorização da pessoa, o aspecto de levar ou não o outro a sério geralmente é fruto de padrões de comportamento aprendidos na infância, o que faz com que pareça absolutamente "normal". É por isso que raramente percebemos este erro em nós.

É óbvio que, quanto maior o meu progresso nessa área, mais minha mulher e eu nos tornamos capazes de trabalhar como equipe. Eu a escuto porque sei que ela sempre quer o melhor para mim e para a família, e ela sabe que eu a levo a sério. Se acontece de chegarmos a um impasse, ela me deixa tomar a decisão final. Por causa das experiências anteriores, minha esposa já sabe que eu sempre a ouvirei e que levarei em consideração a sua opinião. Felizmente, os impasses não são muito freqüentes, já que, após tantos anos de casamento, estabelecemos uma relação de trabalho em que quase sempre chegamos à mesma conclusão.

Mas a necessidade de ser levado a sério não é exclusiva do casal. Muitas vezes, os mais atingidos por nossas atitudes de descaso e até crueldade são nossas crianças e adolescentes. Às vezes, a zombaria é feita em nome do humor familiar, e isso é a pior coisa que um pai ou responsável pode fazer. Isso se mostra especialmente danoso quando a zombaria chega ao ponto de rotular de alguma forma uma criança em desenvolvimento, muito embora os adultos possam achar engraçado na hora. Os pais que têm esse comportamento reprovável muitas vezes minimizam sua importância com frases do tipo: "Isso não faz mal nenhum, ela sabe que é brincadeira", ou "Não se preocupe, ele sabe que nós o amamos".

No aspecto dos danos emocionais, essa questão se torna particularmente problemática quando o autor da zombaria tem o mesmo sexo que a vítima. Em seu livro *Homosexuality: A New Christian Ethic* (Homossexualismo: Uma Nova Ética Cristã), Elizabeth Moberly escreve: "Dentro dessa enorme massa de detalhes, existe um princípio constante que se insinua: de que o homossexual — tanto o masculino quanto o feminino — sofreu algum déficit emocional na relação com o progenitor do mesmo sexo, e isso gerou um impulso de tentar consertar este déficit através de relacionamentos homossexuais... A principal causa do homossexualismo não é a ausência do progenitor do mesmo sexo, mas sim o distanciamento da criança em relação a este, como um mecanismo de defesa".[5]

As palavras impensadas tem um poder devastador, e os rótulos que colocamos nos outros deixam profundas feridas abertas. Os rótulos cruéis têm um efeito particularmente devastador sobre as crianças pequenas. Alguém já disse que "Paus e pedras partem ossos; mas as palavras partem o coração". Esta é uma amostra das expressões que já ouvimos em quarenta anos de ministério:

> Como você é burro!
> Que idiota!
> Sua gorda!
> Seu maricas!
> Que desastrado!
> Seu preguiçoso imprestável!
> Você é algum retardado?!
> Seu vagabundo!

Rótulos como esses, colocados em adolescentes que ainda não desenvolveram uma consciência firme de sua própria identidade, fazem com que eles sejam moldados, convencidos, enganados, e levados a assumir papéis e a tomar decisões que nunca teriam ocorrido à sua mente. Qualquer que seja a intenção do responsável, esses abusos verbais podem realmente preparar o caminho para algum tipo de comportamento obsessivo — como o homossexualismo, por exemplo —, o qual pode nunca vir a ser suprimido ou curado.

Já conversei com centenas de homossexuais, e não houve nenhum que escapasse da marginalização ou de ser chamado de "fresco" ou "maricas", ou de ter algum outro tipo de experiência profundamente dolorosa.

Ram Dass, em Alma Gay[6]

O desenvolvimento de um comportamento saudável e da autoestima em crianças e adultos é fruto do equilíbrio entre a correção (disciplina) e o reforço positivo de pais ou responsáveis amorosos. O mesmo se aplica no caso de pais solteiros, famílias formadas por pais separados ou famílias "normais", onde ambos os pais estão presentes.

"Elogie todas as coisas certas que eles fizerem" é um lema valioso, que indica claramente uma tentativa de levar a sério a outra pessoa. Infelizmente, não é muito comum nem no lar nem no trabalho. É muito fácil apontarmos os erros dos outros, mas não costumamos elogiar quando alguém faz uma coisa direito. Outra pergunta que devemos nos fazer é: "Será que estamos elogiando mais a um filho do que ao outro?".

Tanto nossos cônjuges quanto os filhos sentem que nós os levamos a sério quando os convidamos a tomar parte nas decisões da família. Uma vez, quando nossos filhos ainda estavam na escola, perguntamos a eles em quem deveríamos votar nas eleições. Bem, eles sugeriram alguns candidatos em que eu não tinha pensado em votar, mas por causa do interesse deles e das suas colocações bem informadas, acabei seguindo as suas sugestões. Isso lhes deu confiança, respeito e uma sensação de ter dado uma contribuição significativa.

Acima de tudo, nossos cônjuges e filhos precisam saber que somos a sua torcida particular. Eles precisam compreender que demonstraremos nosso amor incondicional através de palavras e ações, independente de seu estágio de desenvolvimento atual. Eles precisam saber que podem contar conosco, em qualquer circunstância. Cabe a nós ratificar a dignidade que lhes foi dada por Deus e o valor que Ele atribui a cada uma de suas criaturas.

Os três princípios que apresentei a Sam são fáceis de se falar e, para alguns afortunados, fáceis de aplicar. Eles também são bíblicos, já que demonstram nosso amor pelos outros, nos forçam a considerar cada um "superior" a nós mesmos, exigem que tratemos os outros como gostaríamos de ser tratados, e requerem que andemos de acordo com os mandamentos de Deus.

Mas o que acontece se decidimos não colocar esses princípios em prática?

O cônjuge que não experimenta este tipo de amor e graça fica amuado ou se torna retraído, sente indignação ou indiferença, despeja sobre nós uma série de impropérios ou levanta um muro para sua autoproteção. Uma criança, ou adolescente, pode reagir de maneira ainda mais dramática.

A dura experiência tem me ensinado que as interações familiares, ou a falta delas, preparam o terreno para todo tipo de comportamento perigoso e autodestrutivo. Esse efeito nocivo começa cedo e corrói uma vida durante décadas, às vezes para sempre, deixando algumas rotinas implantadas no cérebro e causando danos profundos nas emoções, enquanto o comportamento destrutivo se instala. Do ponto de vista meramente humano, hábitos e mágoas são muito difíceis de reverter. Porém, nada é impossível para Deus. Eu mesmo conheci algumas pessoas que conseguiram mudar suas vidas, e agora levam uma vida produtiva e saudável. Esses homens e mulheres experimentaram o perdão e a reconciliação através de um compromisso pessoal com Jesus Cristo, recebendo-o como Senhor de suas vidas.

Mas muitos outros entram no caminho das drogas, da prostituição, da promiscuidade, do homossexualismo e até do suicídio. Na maioria dos casos, essas pessoas não tiveram quem as ouvisse, não foram valorizadas e não foram levadas a sério.

Os padrões que Sam e sua família tinham começado a formar eram bastante perigosos, mas ainda estavam num estágio em que havia como serem revertidos sem um milagre. No entanto, para isso, Sam precisava tomar a decisão amorosa de liderar as mudanças.

Capítulo Sete

Mudanças que Fazem Diferença

—Como foi sua semana, Sam? —perguntei.

Sam passou a mão pelos cabelos e respondeu:

—Bem melhor do que pensava, Don. Segui sua sugestão e fiz um esforço para realmente ouvir minha mulher. Procurei sentar ao lado dela depois do jantar e perguntar como tinha sido o seu dia. Fiz questão de que ela soubesse que eu estava prestando atenção, e confesso que faz muitos anos que não conversamos assim. Geralmente acabo sempre tentando me esquivar das perguntas dela enquanto leio o jornal. Sabe de uma coisa? Você tinha razão; ela tem estado bem mais agradável. Para falar a verdade, por duas vezes ela até me deu um belo sorriso que há anos eu não via.

—Então quer dizer que você está indo bem no papel de servo-líder da família?

Sam fez um gesto aquiescendo com um sorriso e achando

aquela expressão um tanto engraçada.

—Acho que é isso que se espera de um homem, não é?

—É, sim, Sam. E, se você continuar a fazer mudanças positivas no modo de se relacionar com os membros de sua família, acho que eles reagirão da mesma forma com você. Mas tome cuidado de ser sempre sincero, porque nossos familiares, principalmente as crianças, farejam um egocêntrico fingido a um quilômetro de distância. E, se isso acontecer, eles se afastam de vez. A propósito, como vão as coisas com seu filho? Você disse, na semana passada, que achava que ele estava apresentando tendências homossexuais.

—Bem, na verdade, eu não disse assim com essas palavras, mas ele e eu realmente não temos nada em comum. Sei que você não gosta de rótulos, mas, para ser honesto, ele é um verdadeiro maricas. Já tentei deixá-lo envergonhado; já o ameacei; o chamei para praticar algum esporte comigo, e até o convidei para ir assistir uma luta no ringue. Fiz de tudo para mostrar como é empolgante assistir a uma luta, mas não adiantou nada; ele sempre diz: "Desculpe, papai, mas não estou interessado".

—E não tem outra coisa de que ele goste e que vocês possam fazer juntos?

Sam balançou a cabeça, tristemente e respondeu:

—Bem, ele tentou me convencer a levá-lo ao teatro para assistir uma daquelas peças enfadonhas. Por que ele não se interessa por coisas normais de homem, como eu? Por que ele não consegue ser um homem de verdade?

Sam fixou os olhos em mim e perguntou, um tanto sarcástico:

—Seus filhos parecem bem normais. Você tem alguma idéia que possa me ajudar?

Examinando os nossos Motivos

Como disse a Sam, antes de começarmos a pensar em medidas preventivas, temos de examinar os nossos motivos com cuidado. Em Mateus 6.1-5, Jesus mostra que, para Ele, os nossos motivos são mais importantes que as nossas ações:

> Guardai-vos de fazer a vossa esmola diante dos homens, para serdes vistos por eles; aliás, não tereis galardão junto de vosso Pai, que está nos céus.
> Quando, pois, deres esmola, não faças tocar trombeta diante de ti, como fazem os hipócritas nas sinagogas e nas ruas, para serem glorificados pelos homens. Em verdade vos digo que já receberam o seu galardão.
> Mas, quando tu deres esmola, não saiba a tua mão esquerda o que faz a tua direita, para que a tua esmola seja dada ocultamente, e teu Pai, que vê em secreto, te recompensará publicamente.
> E, quando orares, não sejas como os hipócritas, pois se comprazem em orar em pé nas sinagogas e às esquinas das ruas, para serem vistos pelos homens. Em verdade vos digo que já receberam o seu galardão.

Ao discutir os dois assuntos que os cristãos parecem considerar como os atos religiosos mais importantes, ou seja, dar dinheiro e orar a Deus, Jesus deixa bem claro que se o nosso propósito é simplesmente parecer bons aos olhos dos outros, não haverá nenhuma outra recompensa da parte do Pai. Da mesma forma, tomar atitudes para "consertar" nossos filhos não é um espetáculo secundário que encenamos para os amigos e conhecidos da igreja, para que pensem bem de nós. Nem é uma forma de acabar com o constrangimento que eles nos causam por não corresponderem à idéia que fazemos de um "homem de verdade" ou "mulher de verdade".

O altruísmo é um elemento-chave no cristianismo verdadeiro. Em Filipenses 2, Paulo cita o exemplo de Jesus para ilustrar o que significa viver uma vida altruísta: "Não atente cada um para o que é propriamente seu, mas cada qual também para o que é dos outros" (v. 4). Paulo diz ainda que devemos considerar os outros superiores a nós mesmos.

Esses são princípios essenciais em todo relacionamento humano, mas são particularmente importantes no casamento e na criação dos filhos, porque significam muito quando se trata de lidar com aquelas pessoas que, embora sejam especiais, nos parecem tão difíceis de amar. Temos dificuldade de educar nossos filhos quando eles nos lembram outras pessoas ou nós mesmos. Não devemos nos surpreender quando os traços de caráter que detestamos em nós ou nos outros, acabam surgindo em nossos próprios filhos, mas devemos fazer de tudo para não reagir a isso com afastamento.

Numa relação como a de Sam com seu filho, existe uma dinâmica óbvia: quanto mais distante é o modo como Sam se comporta em relação ao filho, mas este se sente atraído pelo homossexualismo. Em seu livro *Parents on Trial* (Pais em Julgamento), David Wilkerson faz uma afirmação surpreendente: "O verdadeiro drama do homossexualismo é que, com um pouco de compreensão, amor e ajuda dos pais, tudo poderia ter sido evitado".[1]

No livro *Growing Up Straight* (Tornando-se um Adulto Heterossexual), Peter e Barbara Wyden fazem coro com a premissa de Wilkerson: "Nenhum pai deseja produzir um delinqüente, ou um homossexual. Contudo, sabe-se hoje que a delinqüência e o homossexualismo começam em casa. Isso nos leva a um fenômeno que ainda é um tanto misterioso para algumas pessoas. Por que um filho se torna professor, enquanto seu irmão, um bandido? E como podem os mesmos pais criarem um filho homossexual e outro heterossexual?".[2]

A resposta, é claro, está no fato de que os pais podem tratar os filhos de maneira diferente, ou, embora tratem todos da mesma maneira, uma criança pode reagir diferente da outra. Por exemplo, conheci um pai que tinha três filhos. Dois eram agressivos e intransigentes, enquanto o terceiro era sensível e de temperamento artístico. O pai nunca comunicou sua aceitação a nenhum dos três rapazes, porém o mais afetado pela rejeição foi o filho sensível. Mesmo já passando dos cinqüenta anos, ele continua fazendo um tremendo esforço para obter a aprovação verbal do pai, mas, até hoje, não recebeu. O outros dois, também não tiveram essa aprovação, mas isso não parece afetá-los de forma alguma.

De fato, mesmo sem saberem disso, os pais reagem a cada filho de uma forma diferente. Isso, por si só, não é nocivo, mas existe uma grande chance de que crianças que se tornam homossexuais tenham tido um tratamento discriminatório e inadequado por parte de um dos pais. "As tendências homossexuais de uma criança são um sintoma de distúrbios nas relações com os pais", afirma o Dr. Toby Bieber.

Quando os pais não conseguem saber por que um dos filhos apresentou sérios problemas e os outros não, o mais comum é que coloquem a culpa em agentes externos. Freqüentemente, ouço dizer que pessoas com problemas criminais ou sexuais são infelizes que “andaram em más companhias”, como se eles não tivessem nenhum sistema interno de seleção que lhes permitisse fazer suas opções. Mas os resultados das pesquisas que conheço mostram o contrário: os pais, sem querer, tornam o filho vulnerável à sedução (criminal ou sexual).

Num grande número de casos, a criança não teve nenhum modelo masculino, durante os anos de seu desenvolvimento em família, quer fosse o pai, um pai substituto, ou mesmo um irmão mais velho. Essa ausência de modelos masculinos com quem possa se identificar é um traço ainda mais significativo nos rapazes efeminados com distúrbios mais graves. Nos casos em que havia a presença do pai, ou de um substituto, sua atitude era tipicamente descrita como psicologicamente distante da família. — George Rekers[3]

Pai Severo, Filho Sensível

Enquanto estudávamos a prevenção do homossexualismo, pesquisamos milhares de livros e publicações escritos por autores homossexuais, ou que escrevem sobre este assunto; entrevistamos diversos homens e mulheres que lutam com o homossexualismo e conversamos com seus conselheiros. Pudemos verificar que existe um denominador comum no aspecto da personalidade: o impacto de uma mãe ou pai controlador e dominante sobre uma criança sensível. Durante o estudo, um dos pesquisadores observou: “Tenho certeza de que há exceções, mas até aqui não encontrei nenhuma”.

Através dos anos, venho fazendo um estudo de tipos de personalidade, e isso tem me ajudado muito no trabalho de aconselhamento. Vou começar apresentando uma lista de características ligadas a uma personalidade do tipo Controlador/ Dominador, que tenho observado ser o mais explosivo:

- Frio — severo — indiferente — rude
- Passa por cima dos outros com freqüência — exerce poder e controle sobre pessoas e situações

- Independente — difícil de fazer amizades
- Metódico — impessoal — parece tratar as pessoas como objetos
- Impaciente — disciplinado no uso do tempo
- Gosta de correr riscos — competitivo nos relacionamentos
- Gosta do poder — gosta de tomar decisões sem consultar outras pessoas

Agora, vamos contrastar este tipo de personalidade com o seu completo oposto. Eis aqui algumas das características do tipo Amável/Sensível, que freqüentemente também é artístico:

- Despreocupado — amigável
- Caloroso — cooperativo
- Interessa-se pelas pessoas, pelo que elas são — gosta de pertencer a grupos
- Relacionamentos e amizades íntimas são importantes
- Indisciplinado com o tempo — parece lento em suas ações
- Não gosta de correr riscos — não se preocupa em controlar os outros
- Necessita de apoio emocional e aprovação

Este contraste coloca as seguintes perguntas: Como a criança sensível reage ao pai dominador? Como se sente? Que pensamentos passam pela sua cabeça? Aqui estão algumas das reações que esta criança, muito provavelmente, apresentará:

- Você faz com que eu me sinta culpado e não me entende.
- Você não confia em mim; você se sente desapontado comigo.
- Você é autoritário e implacável.
- Você exige demais e nunca está satisfeito.
- Você faz com que eu me sinta inadequado.

Se a criança em desenvolvimento possui a maioria das características do tipo Amável/Sensível, podemos entender muito bem por que ela se sente alienada e rejeitada pelo pai controlador e obstinado.

É importante observar que os problemas surgem mais em função do modo como a criança interpreta as ações e palavras do adulto, do que das palavras e ações reais. *A Percepção Fabrica Tudo.* A percepção é o que realmente conta para a criança — é o que ela ouve e sente. Se a criança sente que é amada, com amor genuíno e incondicional pelo que realmente é, em seu íntimo, este senso de aceitação permitirá seu desenvolvimento pleno e saudável. Infelizmente, isto nem sempre acontece.

Um professor universitário disse numa de suas aulas: "Já vi muitas crianças criativas de quatro anos de idade, mas muito poucas pessoas criativas de vinte e quatro anos". Por que será que isso acontece?

Um professor secundário relata que uma grande percentagem dos alunos está ingressando no segundo grau com uma visão muito negativa da vida, que inclui um desrespeito pelos outros e pela propriedade alheia. Esses estudantes, principalmente os de quatorze anos, apresentam um estado de raiva latente que pode explodir sem qualquer motivo ou lógica aparente. Por que isso está acontecendo?

Uma razão para esses comportamentos aparece repetidamente, tanto nas famílias pobres, quanto nas ricas, tanto nas que têm baixa escolaridade, quanto nas de alto grau de ensino. Freqüentemente, uma criança criativa acaba "esmagada" por pais controladores, sendo continuamente empurrada em direção a uma existência sem propósito e sem significado. Quando crianças assim chegam à adolescência, já foram subjugadas tantas vezes que não têm mais motivação para se reerguer. Em outros casos, o adolescente se rebela e é levado a comportamentos viciantes, que resultam num controle ainda maior por parte dos adultos responsáveis por ele.

Pais e Filhos

***Num estudo envolvendo 40 homossexuais masculinos... não havia nenhum caso em que o homossexual relatasse ter tido uma relação afetuosa com o pai... Homossexuais masculinos freqüentemente temem e odeiam seus pais. — George Rekers*[4]**

Vamos ser mais específicos. Em vez de falar em generalizações, vejamos o impacto de um pai dominador sobre um garoto sensível.

- Aos olhos do filho pequeno, o pai dominador se torna maior que a vida. O pai é alguém de quem o menino nunca será capaz de obter a necessária atenção. Ele nem imagina que, algum dia, o pai possa vir a gostar dele. O maior desejo do filho é receber a aceitação e apreciação de seu herói adulto, mas neste cenário, a criança não recebe nada disso. Nesta situação, o caminho está preparado para que a criança procure outras pessoas para satisfazer suas necessidades. E, na maioria das vezes, um homossexual mais velho está disposto a fazer aquilo em que o pai falhou: dar amor e aceitação.
- Como o pai é altamente crítico, a criança sente que tudo o que ela faz é insatisfatório. Por exemplo, um jovem contou que, após terminar sua tarefa semanal de cortar a grama, o pai teve um acesso de raiva por causa de um tufo que ficou faltando. Outro rapaz disse o seguinte: "Meu pai me ridicularizava constantemente. Ele ridicularizava até as poucas coisas em que eu era bom".
- A auto-estima de um garoto sensível pode ser esmagada se o pai o chama de maricas e covarde quando ele prefere evitar os confrontos físicos e as brigas no recreio.
- O relacionamento entre pai e filho pode ser destruído na confusão que se instala quando o pai projeta no filho sensível a raiva que sente de seu próprio pai ou irmão.
- O filho pode se sentir alienado quando o pai se mostra indiferente, não se envolvendo e até zombando dele por sua falta de interesse nas atividades "tipicamente" masculinas.
- Se um pai se sente infeliz no casamento e rejeitado pela mulher, e esta canaliza toda a sua atenção para o filho sensível, o relacionamento pai/filho pode se tornar competitivo. O pai pode, inconscientemente, começar a ver o filho como um rival e expressar hostilidade, rejeição

ou indiferença em relação a ele. O sentimento de competição e o medo de sofrer um ataque do pai ficam em oposição ao desejo que o filho tem de seu amor e aceitação. Essas emoções conflitantes dificultam o desenvolvimento da sexualidade masculina, e esta falta de identificação com a masculinidade também pode ser altamente ofensiva para o pai.

Pais e Filhas

Assim como um pai dominador pode ter um efeito profundo sobre um filho sensível, seu efeito sobre uma filha de personalidade gentil e dócil também é grande. (Identificar uma mulher como sendo do tipo Gentil/Dócil pode ser difícil, porque, com o tempo, a mulher pode desenvolver uma máscara de agressividade como mecanismo de defesa e, por isso, nem sempre se percebe que ela é gentil e dócil por natureza.)

- Aos olhos de uma menina sensível, um pai dominador pode ser visto como puritano, extremamente possessivo e inibidor do seu desenvolvimento como mulher.
- A menina sensível pode ter medo do seu pai controlador, muito embora ele não a ameace fisicamente.
- A percepção que ela terá é de que ele, geralmente, desaprova e menospreza os amigos dela.
- A filha, geralmente, descreve o pai como hostil, indiferente, rude e bruto.
- A relação da filha com o pai tem grande probabilidade de ser distante e sem afeição.
- Se o pai é alcoólatra ou violento, isso distorce ainda mais a opinião que a filha tem sobre os homens e de si mesma em relação a eles.
- Finalmente, um pai dominador prejudica sua filha sensível, e geralmente faz com que ela se afaste dos homens, numa tentativa de evitar mais sofrimento. Isso às vezes leva a atrações homossexuais. Pode, também, ocorrer o oposto, e a filha se volta para a promiscuidade

heterossexual, numa busca incansável da afeição e aceitação masculina que não recebeu do pai.

Angela Ludwig, no livro *Striving for Gender Identity* (A Luta pela Identidade Sexual), diz o seguinte: "A proximidade com homens heterossexuais e a experiência de ser aceito e compreendido é de fundamental importância no processo de cura... O homossexualismo é um ato simbólico que representa uma tentativa de encontrar a própria integridade".[5]

Quando terminamos de discutir algumas das atitudes e características de crianças com pais controladores, Sam estava se sentindo muito incomodado.
— Acho que meus filhos estão condenados — disse ele, parecendo resignado e deprimido.
— Não seja tão duro consigo mesmo, Sam — disse-lhe, sorrindo. — Talvez você esteja se sentindo um pouco mal, agora que sabe o quanto é importante a atuação de um pai, mas não se esqueça de que as mães também têm um papel muito importante na educação dos filhos.
— Com relação aos garotos, minha mulher é uma santa — disse Sam, espontaneamente. — Ela é a pessoa mais amorosa e gentil deste mundo...
— Isso é bom, Sam, e você deve agradecer a Deus por ela ser assim, porque uma mãe dominadora pode ter um impacto muito nocivo sobre os filhos.
Sam levantou a sobrancelha, feliz de ver alguma coisa que podia escapar de sua responsabilidade.
— É mesmo? Então me diga: o que acontece quando a mãe é dominadora?
— Bem, em primeiro lugar, é pior quando o pai é passivo — expliquei.
— Eu posso ter um monte de defeitos — disse ele, sorrindo aliviado, — mas não sou passivo.

Mães e Filhos

Assim como um pai controlador tem um profundo efeito sobre seus filhos, uma mãe dominadora e um pai passivo causam um impacto igualmente devastador sobre o menino. Eis aqui alguns dos resultados desta combinação:

- Nem a mãe nem o pai estimulam o filho a ter atitudes ou atividades masculinas.
- Na maior parte do tempo, as decisões são tomadas pela mãe, de modo que o filho não tem um exemplo de papel masculino com poder decisório que possa seguir.
- Ele pode começar a se considerar frágil, se a mãe parece empenhada em protegê-lo de todos os males físicos. Um jovem com problemas nos disse certa vez: "Minha mãe sempre me tratava como um inválido e tinha a esperança de que eu nunca estivesse suficientemente bem para deixá-la".
- Uma mãe dominadora pode fazer o garoto se sentir superprotegido, excessivamente dependente, mimado, e abertamente privilegiado em relação ao pai.
- Ele pode ficar confuso e ter conflitos internos a respeito de seu papel, se a mãe se comporta de maneira sedutora, acariciando-o muito e pedindo que ele lhe faça massagens. Às vezes, a mãe dirige impropriamente suas atenções ao filho, quando não consegue obter o amor do marido.
- O filho pode sentir-se rejeitado, diminuído, marginalizado ou amedrontado se a mãe projeta nele sua hostilidade por ter sido mal amada ou rejeitada pela própria mãe, ou por algum ressentimento ou ódio contra o próprio pai.

O padrão triangular homossexual "clássico" é aquele em que a mãe... domina e menospreza o marido, e este é um pai indiferente, sendo que, na maioria das vezes, além de indiferente é também hostil. — Irving Bieber[6]

O Dr. Bieber sugere que muitas dessas mães escolhem um filho que lhes lembra o próprio pai ou um irmão. Por causa de seus problemas emocionais, essas mães têm um desejo inconsciente de "possuir" esses homens que amam, e transferem esse desejo para o filho escolhido.

O resultado mais negativo deste comportamento parental é que a masculinidade do filho é tremendamente distorcida. Esses jovens podem experimentar confusão de identidade sexual, incapacidade de se auto-afirmarem, misoginia, efeminação, e atração emocional por outros homens. Em resumo, uma mãe dominadora pode empurrar o filho em direção ao homossexualismo.

Um homossexual de cinqüenta anos contou-me como os violentos ataques verbais de sua mãe a respeito de sua incapacidade de escrever de forma clara ainda o perseguem, embora ela já tenha morrido há dez anos. Ela o rebaixava constantemente, dizendo que seus esforços não chegavam ao pés do que ela esperava, e jamais chegariam. Ela também atacava o pai dele, desmoralizando-o e controlando-o através de suas críticas.

Mães e Filhas

Como esse tipo de mãe afeta as filhas, principalmente quando o pai é passivo?

- Como a mãe excessivamente controladora, hipercrítica e autoritária se coloca como o centro das atenções da família, a filha aprende a não desviar a atenção de suas próprias necessidades.
- Normalmente, a filha não desenvolve uma relação saudável com o pai quando a mãe está sempre depreciando o marido com suas palavras. Ela pode ridicularizar e zombar de seu cônjuge, abertamente, com insultos como: "Seu fracassado; você é um inútil", ou "Você acha que é um homem?". Algumas vezes, a mãe chega até a agredir fisicamente o marido, na frente da filha, para reafirmar seu poder.
- Quando um pai aceita um papel passivo e permite que uma esposa agressiva tumultue a casa, sua filha pode ficar tão desapontada a ponto de se enfurecer e até de agredi-lo fisicamente. A filha tem vontade de gritar: "Seja homem! Me defenda! Fique do meu lado!".
- No entanto, a filha pode, também, defender o pai, ficando do lado dele numa discussão com a mãe. Ela fará isso na

esperança de que ele se anime e tome a atitude de enfrentar a mãe. Em vez disso, normalmente, o pai se retrai e deixa a filha exposta à vingança da mãe dominadora.

É claro que esta situação prepara o caminho para que esta filha tenha grandes dificuldades em se relacionar com um homem de maneira saudável.

— Bem, Sam, vimos um panorama de alguns padrões familiares extremamente perigosos, e posso ver que você entendeu alguns deles perfeitamente. Agora, eis a grande questão: Quais são as mudanças que você pretende fazer nas suas atitudes e ações?
Sam fitou-me por um instante com um olhar vago, e então respondeu:
— Não sei nem por onde começar.
— Bem, quando eu estava no The Navigators,[7] *um amigo chamado Bob Foster tinha um ditado que sempre repetia: "Na base está o básico". Mesmo que a sua situação seja única, há algumas coisas simples, mas muito eficazes, que você pode fazer, e que todos os pais deveriam ter sempre em mente, não importa qual seja a situação.*
— Que tipo de coisas, Don? Será que são básicas para se manter os filhos longe do homossexualismo?
— Acho que você pode dizer que são os elementos necessários para ser um bom pai, seja o filho homem ou mulher, jovem ou velho.
Depois disso, mostrei a Sam minha lista dos Dez Princípios da Educação Preventiva.
— Estamos falando sobre homossexualismo — expliquei, — mas estes princípios podem evitar muito mais que isso. Podem evitar desentendimentos, brigas, amargura e vários outros problemas domésticos.
Ele ficou tão interessado que pegou uma caneta e perguntou:
— Posso anotar?
— Não, Sam, não precisa. Esta cópia é sua; você pode prender na porta da geladeira.

Os Dez Princípios da Educação Preventiva

1. Trate seu filho como gostaria de ser tratado. Jesus nos deu esta Regra Áurea como padrão para todos os tipos de relacionamento interpessoal, inclusive a criação dos filhos. Você gosta de receber cumprimentos? Seu filho também. Você gosta quando alguém se interessa sinceramente pelo seu passatempo, por suas preferências, por suas atividades sociais? Então, mostre interesse sincero pelas atividades de seus filhos.
2. Deixe seus filhos cometerem erros sem perder a dignidade. Os erros podem ser grandes oportunidades de aprenderem a enfrentar desafios juntos.
3. Dê-lhes espaço para que se desenvolvam naturalmente. As crianças precisam de tempo e espaço para formular suas próprias convicções.
4. Ajude-os a superarem suas fraquezas, demonstrando satisfação com seus pontos fortes. Todo ponto forte começa fraco e vice-versa. Não maximize as fraquezas, e sim suas qualidades especiais e individuais.
5. Demonstre amor e aceitação incondicionais. Certifique-se de que o amor que transmite a seu filho seja dirigido à pessoa, e não às suas realizações. Ame a pessoa de seu filho, e não o que ele faz.
6. Passe tempo com seus filhos; leve-os com você quando sair. Envolva-se em suas atividades e procure coisas que possam fazer juntos. Você irá aprender a gostar do que seus filhos gostam se passar tempo com eles.
7. Não tenha medo de expor seu lado vulnerável. Um homem tem direito a seus medos e lágrimas, e a partilhá-los com seus filhos e filhas. Também não há nada demais quando uma mãe perde a paciência ou chora de frustração. Não jogue o peso sobre os ombros de seus filhos, mas seja transparente; assim eles se identificarão com as suas emoções quando chegar o momento.
8. Seja aberto e honesto sobre os seus problemas pessoais. Isso requer discernimento e sabedoria, mas compartilhar

suas preocupações mantendo certos limites é algo que irá aproximá-lo de seus filhos e encorajá-los a fazer o mesmo.

9. Deixe claro que o seu relacionamento com eles é mais importante que qualquer outra coisa. Independente das discordâncias, desapontamentos ou até desânimo em relação às suas opções e idéias, mostre a seus filhos que você sempre os amará, não importa o que aconteça.
10. Certifique-se de que seus filhos saibam que ocupam um alto nível na sua lista de prioridades.

Descobrindo as Prioridades Certas

O princípio número dez nos leva a uma outra questão central, que ultrapassa os limites da família e alcança o nosso trabalho, a igreja, o serviço comunitário e as nossas amizades. Existe um princípio bíblico que aplico para estabelecer minha lista de prioridades, segundo uma ordem que agrade a Deus, fazendo com que cada coisa ocupe seu devido lugar. Estas prioridades são fruto da convicção de que devemos realizar todas as funções da vida em nome do Senhor (Cl 3.17). Minhas prioridades são organizadas da seguinte forma:

Deus

Família

Trabalho / Ministério para Deus

Mas, o que acontece quando me sinto pressionado a deixar que alguma coisa tome o lugar dos filhos? Minhas verdadeiras prioridades não se refletem, necessariamente, no que digo ou penso que faço, mas sim no que realmente faço e naquilo a que dedico minha atenção.

Quando os meninos eram pequenos, Diana e eu ministrávamos um estudo bíblico a vários casais em nossa casa. Nós dizíamos aos meninos que, se precisassem de alguma coisa, fossem até a sala em silêncio. Quando eu via um deles ali, fazia uma pausa de dez minutos e ia resolver o problema. Geralmente era uma questão do dever de casa, ou eles queriam permissão para fazer alguma coisa, ou queriam um conselho, ou estavam precisando de mim para uma outra coisa qualquer.

Esse nosso acerto acabou sendo um excelente exemplo de como estabelecer as prioridades certas para os jovens casais que participavam do estudo bíblico, embora não fosse este o objetivo principal. Nossa atitude mostrou que nossos filhos estavam acima das necessidades dos casais ali presentes, já que tinham uma prioridade maior do que o nosso próprio ministério.

Será que as Pessoas Podem Mudar?

Mostrei a Sam, e a você, leitor, alguns perfis de personalidade que aparecem freqüentemente em famílias problemáticas. Aprendi de uma forma bem dura que, quando não prestamos atenção a certas características da nossa personalidade, podemos trazer grande sofrimento à nossa família e a nós mesmos. Isso não depende da nossa situação financeira ou formação cultural.

Quando apresento esses tipos de personalidades em seminários ou no aconselhamento individual, a reação comum dos adultos dominadores é: "Mas você não entende que este é o meu temperamento? Não tenho culpa de agir assim! *Eu não consigo mudar!*".

Quer saber de uma coisa? Eu costumava dar a mesma desculpa. Para falar a verdade, tenho de confessar que, durante a maior parte da vida dos meus filhos, fui um pai dominador, dos piores que existem.

Quando eu era menino, fazia trabalho pesado e, além da esmagadora ética do trabalho que me impunham, meus pais deixavam claro que eu não podia reclamar, não importava o sofrimento. Eles sempre repetiam: "Um homem de verdade não chora, não geme e nem reclama". E um homem de verdade faz o que tiver de fazer, sem desculpas. O nosso herói naquela fazenda da Califórnia Central era John Wayne.[8] Ele era rude e durão, e não se deixava trair pelas emoções.

Embora eu fosse ótimo aluno na escola e ganhasse muitos prêmios, os adultos da minha família não costumavam parabenizar ninguém por suas "realizações". Os únicos dois "cumprimentos" que recebi deles aconteceram quando eu já estava bem mais velho, e foram bem questionáveis. Diana ouviu um deles: "Já era tempo de você acabar aquele trabalho" (um grande elogio, do meu ponto de vista), e logo me disse que aquilo não era um cumprimento. Minha resposta foi: "Já é o suficiente para mim, meu bem; prefiro considerá-lo desta forma".

Não sei se a história da minha família influiu na minha personalidade ou temperamento, ou se já nasci assim, mas, numa escala de um a dez, eu diria que marco mais de dez pontos em determinação. Se alguém me disser que uma coisa é impossível, eu respondo, imediatamente: "Mas eu ainda não tentei". Na minha mente não há lugar para a frase "Não pode ser feito". Infelizmente, isto se refletiu no modo como me relaciono com as pessoas e na maneira de conduzir minha família e meu ministério.

Nenhum ser vivo conseguiria jamais alcançar meus padrões e expectativas — nem eu mesmo! Eu era uma autoridade mundial em criticar e depreciar os outros, independente de seus desempenhos. Eu era incapaz de ver alguma coisa boa no caráter de alguém, ou de demonstrar satisfação, elogiando a pessoa pelo que era: um ser criado à semelhança de Deus.

Quando nossos filhos entraram no Segundo Grau, Deus começou a chamar minha atenção. Ele me fez perceber, claramente, que, se não aprendesse a controlar meu temperamento, acabaria perdendo meus filhos. Além disso, me mostrou que seus espíritos não agüentavam mais ser pisoteados pela minha insensibilidade.

Um dia, eu estava às voltas com estes pensamentos enquanto cuidava do gado; no meio deles havia um carneiro que não parava de pular (e ele não me parecia muito brilhante). Por um instante, fiquei tão furioso que atirei uma pedra nele. Como minha pontaria não era lá essas coisas, acabei acertando um inocente carneirinho bem no meio da testa e ele ficou lá caído, estatelado no chão. Pensei que o havia matado e, no meio daquela situação bizarra, cheguei à conclusão de que minha agressividade estava mesmo fora de controle. Lembrei que a Bíblia mostra Jesus como um cordeiro, e que esses animais são inofensivos e amorosos. Sem dúvida alguma, eu precisava urgentemente cuidar da minha raiva.

Até aquele momento, sempre tentara justificar minhas ações com a desculpa esfarrapada de sempre: "É a minha maneira de ser".

Mas, felizmente, havia firmado um compromisso de procurar crescer na fé, através da leitura da Palavra, e de me esforçar para "andar como Jesus andou" na minha vida pessoal.

Nos evangelhos, aprendi que Jesus chamava Tiago e João de "filhos do trovão", logo no início do seu ministério (Mc 3.17). Aparentemente, eles também tinham temperamento explosivo. Mais tarde, porém, João seria descrito como o "Apóstolo do Amor". A vida de João sofreu uma transformação drástica em função de seu relacionamento íntimo e constante com Jesus.

No livro *Daily Thoughts for Disciples* (Pensamentos Diários para os Discípulos), Oswald Chambers diz:

> Lembre-se de que a batalha se trava na vontade; sempre que dizemos "não consigo", ou quando somos indiferentes, o que estamos dizendo na verdade é "não quero". O melhor a fazer é deixar Jesus revelar nossa obstinação, porque se houver alguma área da nossa vida onde dizemos "não quero", nunca experimentaremos o seu poder ali. Quando Deus revela a nossa obstinação e nós nos recusamos a deixar que Ele trabalhe nela, nos tornamos incrédulos e começamos a desdenhar e procurar defeitos nos outros. Mas se nos entregarmos inteiramente nas mãos de Deus, Ele santificará todos os aspectos de nossa vida. Não é a nossa piedade que faz isso, mas sim a soberana graça de Deus que forja em nós um novo caráter, de modo que não tenhamos o menor desejo de confiar em nós mesmo, mas apenas nEle.[9]

Também me vi frente a frente com o ensino do Novo Testamento que diz que o mesmo poder que levantou Jesus dos mortos está à nossa disposição. Através deste poder, pela graça de Deus, podemos viver uma vida que agrade a Ele (Rm 6.4-11; Fp 3.10-16). A questão para mim era se eu iria ou não escolher aceitar e me apropriar deste recurso colocado à minha disposição e me esforçar diariamente em refletir o caráter de Jesus, conforme revelado nos evangelhos.

Será que eu estava disposto a permitir que Deus invadisse totalmente a minha vida? No meu caso, a resposta foi sim.

Meus argumentos e desculpas para ser "do jeito que eu sou" caíram por terra e eu descobri que precisava revê-los. Quando decidi deixar que Deus iniciasse o processo de transformação, vi que estava me tornando um pai mais amoroso e uma pessoa que se preocupava mais em ajudar e encorajar o próximo. Aos poucos, fui aprendendo que era possível ser um homem sem perder a ternura. Eu sabia que, se a situação o exigisse, poderia e saberia, agir com equilíbrio.

No início, é claro, me senti meio incomodado, pois não podia mais controlar as pessoas à minha volta, usando minhas habituais táticas de truculência e explosões de temperamento, que eu tinha desenvolvido desde a infância. Diana diz que minha mudança foi tão repentina que ela ficou confusa, mas gostou do novo homem que estava surgindo. Comecei a gostar mais de mim também, e me perguntava como eu pude ser tão egocêntrico, controlador e obcecado pelo poder. Por que eu não havia sido o pai e marido que Deus queria que minha família tivesse?

Demonstrar minha afeição pelos outros foi o próximo passo no programa de desenvolvimento que Deus tinha elaborado para mim. Eu precisava refletir o Cristo vivo no modo de me relacionar com as pessoas. Diana e eu tínhamos um ministério universitário durante o "Movimento Jesus", nos anos de 1960. Uma das marcas registradas do movimento eram as demonstrações do amor cristão, tanto pelos homens quanto pelas mulheres. De repente, percebi que meu excesso de formalidade fazia com que eu tivesse uma deficiência nesta área, o que era bem evidente.

Quando compreendi isso, cheguei à conclusão de que, se Jesus e os discípulos demonstravam afeição, eu podia perfeitamente fazer o mesmo. Levei um tempo para relaxar e me soltar, mas logo aprendi a dar um abraço caloroso. Hoje, depois de mais de três décadas, vejo que aquilo não foi uma fase passageira. Deus realmente operou uma mudança em mim, de dentro para fora. Agora, sempre que encontro, ou escuto ou exorto pessoas dominadoras e controladoras, sei exatamente como elas se sentem. Sei também, sem sombra de dúvida, o que Deus quer fazer no coração, na família e na vida dessas pessoas.

Quando já estava para sair, Sam inclinou-se para a frente e disse:

— Sabe o que realmente me assusta?

— Não.

— Tenho medo de perder o controle da minha família se eu mudar, se ficar mais amoroso, ou se fizer qualquer uma dessas coisas que você disse. Você não perdeu o controle sobre os seus garotos, depois que aliviou a pressão sobre eles?

Não pude evitar de rir diante da expectativa de Sam.

— Deixe eu lhe contar o que aconteceu — disse-lhe. — Quando nossos filhos fizeram dezoito anos, resolveram fazer um pronunciamento conjunto e explicaram que já eram adultos e que não iam mais seguir as regras da família. Mencionaram, especificamente, a questão de ter de chegar em casa no horário combinado e de nos dizer sempre onde e o quê estavam fazendo. Bem, aconteceu que, naquela mesma noite, Diana e eu íamos assistir a um concerto, e não dissemos a eles aonde íamos, nem que não chegaríamos em casa antes das 2 da madrugada. Passava da meia-noite, e os garotos entraram em pânico. Ao entrarmos em casa, às duas da manhã, fomos recebidos com uma sonora "bronca". Meu único comentário foi: "É horrível, não acham? É por isso que temos de respeitar uns aos outros e dizer aonde vamos — uma família funciona assim". Nem é preciso dizer que nunca mais tivemos problemas em controlar as atividades deles, porque eles aprenderam que ter consideração pelos outros é importante numa família. E nós descobrimos o quanto eles se preocupavam conosco. De qualquer forma, desde aquele dia, o controle vem do amor, e não da raiva, do medo e das palavras ásperas.

Sam continuava a me olhar, curioso:

— Então, você acha isso bom?

— Acredite em mim, Sam, eu não gostaria que fosse de outro jeito.

Capítulo Oito

Além das Aparências

—Sam, você não acha mesmo que Jason é gay, acha? Não me leve a mal, mas não consigo acreditar nisso —disse Bob, o pastor de Sam, com olhar atônito.

O pastor dos jovens, Carl, simplesmente levantou a sobrancelha e não disse nada. Nós quatro marcamos aquela reunião por sugestão minha, com o consentimento de Sam, para discutir a situação de Jason. Sam estava preocupadíssimo porque tinha encontrado um artigo no computador da família, escrito por Jason, falando dos prós e contras das relações homossexuais. Para ele, aquilo era o mesmo que encontrar a arma do crime. Não havia mais dúvida: Jason era gay.

—Carl, você tem alguma suspeita da sexualidade de Jason? —perguntei ao pastor dos jovens, pensando que ele talvez tivesse percebido algum sinal de confusão de identidade sexual em Jason. Ele e eu havíamos trabalhado juntos na preparação de uma lista de sinais de alerta de tendências homossexuais.

Carl hesitou um pouco, olhou para Sam como se desculpando, e me disse:

— Desculpe por dizer isso assim, mas, na minha opinião, o maior problema de Jason é que ele acha que Sam não gosta dele. Ele só tem quatorze anos e, sinceramente, não acho que esteja se sentindo atraído por alguém do mesmo sexo. Na verdade, no último semestre ele esteve bem interessado numa garota chamada Julie Parker. Todos sabem disso no grupo de Mocidade.

Sam não sabia se estava ofendido ou aliviado.

—Que negócio é este de dizer que eu não gosto dele? Jason sabe que eu o amo

Carl respirou fundo, olhou para o pastor, olhou para mim e, finalmente, fixou o olhar em Sam e disse:

—Não, ele não sabe. Ele pensa que você o odeia e fala nisso o tempo todo. Ele sabe a sua opinião sobre ele, e me disse que você já o chamou de "maricas". Ele acha isso tudo ridículo.

Houve um silêncio pesado e eu apartei:

—Sam, eu sei que você tem posto em prática algumas das sugestões que lhe dei, mas você e Jason precisam conversar. Parece que ele está precisando de estímulo e, talvez, até de um pedido de desculpas.

Sam de repente parecia ter ficado na defensiva, e quase não conseguia controlar a raiva.

—Eu não vou pedir desculpas a ninguém! Em primeiro lugar, gostaria de saber por que ele está escrevendo redações sobre homossexualismo. E, em segundo lugar, quero saber por que vocês agora estão jogando toda a culpa do homossexualismo nos pais. Isso tudo é besteira.

Eu balancei a cabeça e disse:

— Em parte, você tem razão. Existem muitos outros fatores, mas a família é que prepara o futuro dos filhos. Pelo que vemos, o problema que você pensava ter não existe, mas você pode estar indo de encontro a outros tão terríveis quanto este se não resolver suas diferenças com Jason.

O ar ficou pesado de novo e, então, o pastor Bob perguntou, calmamente:

— Sam, Jason e a minha filha não estão na mesma turma da Escola Dominical?

—Acho que sim. Por quê?

—Bem, na semana passada, Melissa teve de fazer um trabalho sobre os prós e contras do homossexualismo, segundo a perspectiva da cultura secular. Isso fazia parte de um estudo sobre questões atuais. Sei disso porque conversamos a respeito, durante o jantar. Jason não comentou nada sobre o assunto?

Sam, que tinha um grande respeito por seu pastor, ficou um tanto embaraçado e disse:

— Nós não falamos sobre essas coisas. Jason nunca me diz nada.

Naquele momento, várias coisas passaram pela minha cabeça, mas, felizmente, eu não disse nada. O pastor Bob deu um sorriso e sugeriu com brandura:

—Talvez fosse melhor você perguntar a ele, Sam, para esclarecer de vez esse mal-entendido. Mas, tem uma coisa que eu gostaria que você pensasse com carinho. Não existe nenhum relacionamento terreno, na vida de seu filho, que seja mais importante do que o relacionamento entre vocês dois. Ele é um garoto sensível e o seu talento dramático está realmente impressionando o departamento de teatro da escola. Não há nada de errado em atuar, nada que seja inaceitável, e nada de "gay" nisso. Acho que se você apoiasse o interesse dele pelo teatro, isso faria uma grande diferença na vida do seu filho. Isso é um dom que Deus deu a ele, e seria errado desperdiçá-lo.

Sam ficou um bom tempo imerso em seus pensamentos. Eu quase conseguia ouvi-lo engolir o orgulho em grandes e incômodos goles. Finalmente, ele se levantou e olhou para o relógio.

— Bem, muito obrigado, senhores. Acho que aprendi muitas coisas hoje, e a maioria foi boa. Vou pensar sobre o que o senhor falou, pastor — disse, estendendo a mão.

—Obrigado a você, também, Don — deteve-se por um instante, enquanto caminhava para a porta. — Ah! Carl! E essa tal de Julie? Você conhece a família dela? Como ela é?

Sam e eu tínhamos passado um bom tempo conversando sobre o papel da família na preparação do terreno para o homossexualismo. É verdade que a família não é o único fator envolvido no processo individual que leva alguém a optar pela homossexualidade. Muitos autores, entre os quais Toby Bieber, Elizabeth Moberly e George Rekers, deixam bem claro que nenhum elemento isolado — nem mesmo o ambiente familiar — cria um homossexual.

Uma outra influência importante é o relacionamento com os colegas e amigos, e seu impacto sobre adolescentes vulneráveis. O escritor Gerard Van Den Aardweg explica:

> As relações com os amigos e conhecidos podem ter uma influência significativa sobre o fator mais importante: a opinião do adolescente quanto à sua masculinidade ou feminilidade. No caso de uma garota, por exemplo, além de fatores como a insegurança na relação com a mãe, e o fato de ser a favorita do pai (ou, ao contrário, de ser preterida por ele), há outras coisas que podem influenciar a sua auto-imagem: sentimentos de inferioridade em relação aos irmãos e irmãs; falta de jeito; "feiúra" (isto é, a percepção de não ser bonita ou atraente aos olhos dos rapazes) durante a puberdade; ou o fato de ter sido considerada pela família como masculinizada ("você parece seu tio"). Um jovem relatou sua experiência pessoal desta forma: "Os outros rapazes que são mais atléticos se colocam contra mim". O fato de ele ser chamado de "maricas" reflete isso, pois o termo não significa que a pessoa seja vista como uma mulher, mas sim que não é considerado um homem normal; é um homem inferior. É quase sinônimo de fraco, alguém que chora à toa, como as garotas; que não luta, mas prefere fugir.[1]

Uma Constelação de Causas

Pressões dos amigos, influências sociais, abusos sexuais. A lista de fatores que podem influir no surgimento do homossexualismo é quase interminável. Mas acho que, se tivéssemos de fazer uma equação, a família teria um peso de 80%, enquanto todas as outras influências combinadas, somariam 20%. Entretanto, embora não se possa deixar a família fora desta equação, também não podemos ignorar as outras causas. Alguns dos fatores que descreveremos a seguir já foram mencionados nos capítulos anteriores, mas vou discorrer sobre eles novamente, porque sinto que é necessário examiná-los a partir de um novo ponto de vista. Outros fatores estarão sendo discutidos pela primeira vez. Se eles têm ou não alguma relação com a família, veremos ao abordar cada um deles.

A Vontade Própria do Indivíduo

Deus fez cada um de nós como uma pessoa única e nos deu livre arbítrio. Isso significa que Ele nos dá permissão de escolher o que queremos fazer, quer esteja ou não de acordo com a sua vontade. Os jovens às vezes fazem escolhas que simplesmente não refletem a vontade ou a influência de seus pais. Mesmo que como pais façamos tudo certo, isso não garante que nossos filhos viverão de um modo que tenha a nossa aprovação, muito menos que tenha nosso aplauso.

A única garantia que temos está em Deus e no seu amor por nós, mas mesmo em face deste amor, podemos optar por nos afastar dEle. Todos temos liberdade moral para agir; não somos marionetes, nem dos homens, nem de Deus.

O verdadeiro desafio que os pais têm de enfrentar é o de amar seus filhos com amor incondicional e transmitir-lhes a certeza deste amor, mesmo que as suas opções de vida não estejam de acordo com os nossos valores, padrões ou metas.

Pornografia

Como já disse anteriormente, a pornografia é um abcesso oculto em muitas vidas. Tanto heterossexuais quanto homossexuais podem cair na teia destrutiva e infindável da pornografia, que se transformou num negócio multibilionário, abrangendo revistas, filmes, a TV, a Internet e a indústria publicitária. Muito embora, geralmente, a pessoa comece com doses pequenas, o fato é que a pornografia vicia e, em muitos casos, domina e controla completamente suas vítimas. Muitos jovens, principalmente homens, ficaram viciados em pornografia depois de encontrar a pilha de revistas ou vídeos que seus pais guardavam escondidos. Seu argumento é: "Se o papai faz, então está tudo bem".

A Adult Vídeo News (AVN), uma publicação especializada da indústria pornográfica, relata que a receita desta indústria dobrou em cinco anos, passando de U$ 2,1 bilhões para

U$ 4,2 bilhões... Durante o ano de 1997, foram alugados 697 milhões de vídeos deste gênero.[2]

A Mídia

Vários representantes da mídia atual querem nos transmitir a idéia de que sua mensagem apenas reflete os padrões já adotados pela sociedade. Mas a prática os contradiz. A mídia — cinema, televisão, propaganda, livros, revistas, e até a arte — parece estar sempre procurando estender as fronteiras da moral[3]. Isto faz com que a sociedade, principalmente a juventude, seja submetida a uma dose permanente de obscenidade que aos poucos a torna complacente. Um editorial publicado recentemente diz que "os filmes mostram a verdadeira face dos Estados Unidos. Na maioria das vezes, seus realizadores estão simplesmente tentando nos dizer o que eles acham que queremos ouvir".[4]

As táticas usadas pela comunidade homossexual para difundir suas idéias através da mídia trazem implícita a seguinte afirmação:
"Num lar americano comum, a tela de TV irradia seu envolvente abraço azulado durante mais de cinqüenta horas por semana, levando filmes, novelas, entrevistas e notícias para dentro da sala de estar. Esta programação é a porta de entrada para o mundo particular dos heterossexuais e, através dela, um cavalo de Tróia pode penetrar. Decididamente, Marshall McLuhan está certo: quando se trata de dessensibilização, o instrumento é a mensagem... de normalidade". — Marshall Kirk e Hunter Madsen[5]

Maus-Tratos do Cônjuge

Embora eu já tenha falado da dinâmica familiar como uma das fontes de problemas, nunca é demais enfatizar os danos causados por formas específicas de maus-tratos domésticos. Nossa sociedade enfrenta uma verdadeira epidemia de espancamentos e outras formas de violência contra as mulheres, praticadas dentro do lar, e este é um dos fatores que contribuem para o desenvolvimento do homossexualismo. O fato de um jovem testemunhar agressões entre os pais, e de se sentir desesperadamente responsável por fazer cessar a violência, não o levará, por si só, à prática homossexual. Entretanto, quando um rapaz ou moça já tem problemas de confusão de identidade sexual e vê o pai agredir a mãe (ou vice-versa), ou presencia os freqüentes espancamentos de um irmão ou irmã, isto pode ser mais uma razão para rejeitar os papéis heterossexuais tradicionais. Como a maioria dos outros fatores, este faz parte de uma constelação de causas interdependentes.

Agressões Verbais da Mãe em Relação ao Pai

Algumas formas de maus-tratos domésticos têm um peso maior na área de confusão de identidade sexual. Uma das formas mais importantes é o padrão "mulher mandona/homem derrotado". Embora sejam os homens, geralmente, os responsáveis pelas agressões físicas no lar, as mulheres muitas vezes são as que agridem verbalmente, e há um aspecto disso que tem uma ligação direta com o homossexualismo.

Quando um garoto constantemente vê sua mãe repreender, criticar ou zombar de seu pai, ele é colocado — intencionalmente ou não — na posição de juiz entre os dois. Se a mãe é dominante e o pai é fraco aos olhos da criança, esta perceberá que o pai está sendo emocionalmente castrado pela mãe. Isto pode fazer com que ele despreze o pai por se sentir atraído pela visível força da mãe. Pode fazer também com que a criança se sinta confusa em relação ao seu gênero, ao papel do homem, e da auto-imagem que deseja ter.

Quando uma mãe está sempre brigando com o marido, há grande possibilidade de que o filho sinta compaixão e se identifique com seus sofrimentos, principalmente se o menino sente mais proximidade com ela do que com o pai. O que se segue, então, é que a mãe e o filho se unem contra o pai. O menino verá a masculinidade como algo brutal e insensível e se sentirá mais inclinado a rejeitar as manifestações de seu próprio gênero. — Joseph Nicolosi[6]

Evidentemente, isso não atenua os problemas causados por agressões verbais de maridos ou outros homens. Agressão é sempre agressão, e é injustificável pelos grandes danos que palavras ditas com raiva podem causar às pessoas. Por causa da dinâmica especial das relações entre mãe e filho, uma mãe agressiva em suas palavras é particularmente danosa à identidade sexual do filho. Isto se agrava ainda mais quando a personalidade dominante da mãe sobrepuja a autoridade do pai, dirigindo a ele sua agressividade.

Mulheres deste tipo geralmente estão seguindo o exemplo de suas mães. Diana e eu conhecemos uma mulher chamada Sue no *campus* de uma universidade. Aquela jovem tinha deixado atrás de si uma trilha de caos e relações rompidas por causa de sua agressividade. Quando tentamos ajudá-la, ela nos disse que seus pais já a haviam mandado a quatro psiquiatras diferentes, sem nenhum resultado. Então, olhou bem dentro dos meus olhos e perguntou:

— O que você poderia me dizer a meu respeito que quatro psiquiatras já não disseram?

Sem esperar pela resposta, Sue começou a censurar a mãe. Ela desfiou suas queixas amargas por trinta minutos e, durante a conversa, chamou a mãe de todos os nomes conhecidos, e de alguns outros que eram fruto de sua própria criação.

Quando ela se acalmou, eu disse:

— Sue, vamos supor que você se casasse e tivesse uma filha e, daqui a vinte anos ela viesse para esta universidade. Suponhamos que eu ainda estivesse ministrando aqui e ela se sentasse aí, nesta mesma cadeira onde você está agora. Sabe o que ela estaria dizendo a seu respeito? A mesma coisa que você disse sobre sua mãe hoje, e com a mesma agressividade. Você não vê o que está fazendo? Se continuar indo nesta direção, você ficará igualzinha à sua mãe.

Sue respondeu aos berros:

— Igual à minha mãe?!

Em seguida, jogou as mãos para o alto, dramaticamente, e, para minha surpresa, literalmente caiu de costas no chão. Depois, levantou-se, sacudiu a poeira da roupa e repetiu:

— Está querendo me dizer que eu sou exatamente igual à minha mãe?

— Pode apostar. É exatamente isso que eu estou tentando dizer. Mas você pode mudar isso, a partir de agora. É só tomar a decisão de controlar sua raiva e, também, de perdoar sua mãe. Só então será possível mudar seu rumo em 180°.

Uma semana depois, o diretor adjunto da graduação me telefonou:

— Don, o que está havendo com a Sue?

Meu coração quase parou.

— Como assim? O que ela fez desta vez? — perguntei.

— Não, ela não fez nada — disse ele. — Ela veio aqui ontem para pedir desculpas por seu comportamento, e queria que ficasse registrado que ela é uma pessoa totalmente nova, depois que conversou com você.

Dez anos depois, a própria Sue me telefonou e agradeceu pelo que eu havia dito, acrescentando que tinha se arrependido de sua agressividade e perdoado a mãe.

— Estou firme na fé e aquela raiva que sentia da minha mãe, realmente, acabou. Don, não tenho como lhe agradecer.

Controlar a raiva é uma das decisões mais importantes que uma pessoa pode tomar. Toda forma de agressão — inclusive o abuso sexual — está arraigada em ódio e raiva, e esta pode acabar explodindo sobre uma terceira pessoa inocente. Se você se sente incapaz de resolver o problema de suas explosões de ira, não hesite em procurar aconselhamento e ajuda.

Porque a ira do homem não opera a justiça de Deus (Tg 1.20).

Abuso Sexual e Pedofilia

Se soubéssemos, de verdade, quantos incestos e abusos sexuais acontecem, ficaríamos alarmados. Nós, que trabalhamos com jovens, ficamos arrasados com a quantidade de histórias de assédios que ouvimos quando eles começam a se abrir conosco. Alguns conselheiros afirmam que 50% ou mais das mulheres sofrem abusos sexuais antes dos doze anos, a maioria delas por incesto. Entretanto, ninguém realmente sabe o número exato de casos, porque muitas vítimas preferem não falar sobre isso. Mas, quer esses abusos sejam expostos ou não, os danos e efeitos subseqüentes que provocam em suas vítimas são imensuráveis.

As estimativas sobre o impacto dos abusos sexuais sobre o homossexualismo variam muito. Algumas pesquisas apontam que 58% dos homossexuais sofreram algum tipo de abuso na infância.[7] Outras, afirmam que esses números são exagerados. No entanto, é inegável que um número muito grande de meninas e meninos sofre violação sexual e isso, obviamente, contribui para que, mais tarde, optem pelo estilo de vida homossexual. Está claro que a pedofilia contribui enormemente para este problema.

Adultério dos Pais

Assim como acontece com a violência de um cônjuge para com o outro, é pouco provável que o fato de um jovem ser exposto ao adultério de um dos pais leve à prática homossexual, se não houver outros fatores contribuindo para isso. No entanto, este é um dos elementos que entram na equação, particularmente quando o adultério ocorre durante os anos instáveis da adolescência. Os problemas causados são ainda maiores quando o jovem presencia o pai, ou mãe, praticando o ato sexual. O abalo na confiança, a confusão da identidade sexual e a raiva que a traição provoca têm um papel importante nessa dinâmica.

As Mensagens Confusas do Relativismo

Quando não há padrões e normas fixas, os jovens são incapazes de distinguir o certo do errado, e fora das comunidades religiosas não existem valores absolutos para coibir, guiar, impor limites ou determinar o caminho a seguir (o que não quer dizer que esses valores absolutos não sejam violados dentro das comunidades religiosas). Fora das linhas mestras estabelecidas pela religião, tudo é "relativo". O padrão aceitável é aquele que faz a pessoa se sentir bem num determinado momento e, na realidade, isto acaba implicando a total ausência de padrões. A moralidade, ou a falta dela, baseia-se nos interesses egoístas e caprichos de cada um. Conforme escreve George Barna:

> Considere a questão da verdade. Cerca de três quartos dos adultos rejeitam a noção de que existem verdades morais absolutas. A maioria dos americanos acredita que a verdade é

algo que depende da situação e dos indivíduos envolvidos. Semelhantemente, pelo menos três quartos dos nossos adolescentes adotam a mesma posição em relação às verdades morais. E não é só isso: além de mais de três em cada quatro adolescentes dizer que não há verdade moral absoluta, quatro em cada cinco também afirmam que ninguém tem condição de dizer, ao certo, o que é a verdade. Isso ajuda a entender por que a maioria dos adolescentes (57%) diz que, às vezes, mentir é necessário; não apenas conveniente, comum, compreensível ou aceitável, mas necessário.

O jovem de hoje se julga virtuoso, não pelas ações que pratica, mas sim pelo modo como se sente. Como eles acham que sempre procuram tomar a decisão certa em todas as situações, a maioria deles se declara indivíduos morais. Na prática, porém, eles vivem de acordo com a ética situacional e o relativismo moral.[8]

A Influência dos Colegas

É enorme a pressão exercida por colegas e amigos durante a adolescência. Ser "legal" significa comprar a idéia de que "todos estão fazendo isso", e experimentar o homossexualismo pode ser "super legal" em alguns círculos, particularmente se o consumo de álcool e drogas entra em cena para remover as inibições. Como os jovens estão sempre buscando identidade pessoal e aceitação, o desejo de ser querido acaba exercendo uma influência decisiva, pois faz com que eles adaptem suas atitudes e vontades só para se sentirem parte de um grupo.

Tentação

Isto é o que eu chamo de "ser apanhado de surpresa", e pode acontecer com qualquer um, a qualquer momento, em qualquer lugar. O que podemos fazer, como pais, é esperar que nossos filhos tenham sólidos fundamentos que os ajudem a vencer a tentação, e que tenham boa capacidade de julgamento e a força necessária para permanecerem firmes quando ela vier. A experiência me ensinou que estamos mais vulneráveis à tentação logo após uma excitação emocional.

Em seu livro *How Will I Tell My Mother?* (Como É que Eu Vou Contar isto para a minha Mãe?), Jerry Arterburn, que morreu de AIDS, escreveu o seguinte:

> Depois de falar no... Domingo dos Leigos... senti que não havia nada que se comparasse à sensação de estar fazendo algo tão importante. Eu estava nas nuvens! Depois, senti um enorme bem-estar quando alguns membros da congregação vieram falar comigo, dizendo que haviam gostado muito da palestra. Eles até comentaram com o pastor que era melhor ele ter cuidado, ou eu acabaria tomando o seu lugar. Foi uma noite e tanto. Um dos membros disse a coisa mais linda que já ouvi: "Fico feliz de ter conhecido você!".
>
> Entretanto, o que aconteceu poucas horas depois, foi diametralmente oposto à experiência que tive na igreja, mas inteiramente similar ao que acontece com muitas pessoas, tanto pastores quanto leigos, depois de uma grande vitória espiritual. Acredito que são muitos os que se desviam pouco depois de uma extraordinária experiência com Deus, pois a nossa vulnerabilidade é maior nas horas que se seguem a um momento de grande intimidade com Deus.[9]

Logo depois deste trecho, Jerry descreve como o fato de estar "no lugar certo, na hora errada" o levou à tentação e, finalmente, a uma vida de homossexualismo.

Baixa Coordenação Motora

Não ser capaz de um bom desempenho nos esportes é um desastre para muitos rapazes. Freqüentemente, isto é resultado de uma "baixa coordenação viso-motora", e pode ser uma coisa simples como miopia, ou mais complicada como um mau desenvolvimento das habilidades físicas na infância. Porém, quando um garoto sempre sobra na escolha do time, ele acaba sendo chamado de "maricas", "bichinha" ou outros nomes que degradam sua masculinidade. Homens que se envolveram no homossexualismo mencionam muitas vezes este tipo de rejeição precoce no recreio como o começo de seus problemas de identidade sexual.

Desequilíbrios Hormonais

Por causa da complexidade desta questão, recomendo a leitura do excelente livro de George Rekers, *Handbook of Child and Adolescent*

Sexual Problems (Manual dos Problemas Sexuais da Criança e do Adolescente).[10] O título do Capítulo 6 é "Problemas Psicológicos em Indivíduos com Anomalias Genéticas, Hormonais e Anatômicas do Aparelho Reprodutor". Este capítulo trata das anomalias genéticas, hormonais e anatômicas dos órgãos do aparelho reprodutor, assim como os efeitos psicopatológicos associados a elas, além de discutir os tratamentos médicos e psicológicos disponíveis para estes indivíduos e suas famílias.

Erros da Liderança

Os erros de líderes respeitados podem ser devastadores para a juventude. Observar um modelo desmoronar por causa de uma falha moral, ou falta de integridade, pode desencaminhar moças e rapazes, alguns dos quais jamais se recuperam do sentimento de terem sido desapontados ou traídos por alguém que deveria ter-lhes dado o exemplo. Nós, que ocupamos posições de liderança, sabemos que as pessoas que nos seguem têm o direito de esperar que tenhamos um alto padrão de caráter e integridade moral. Isto não significa que sejamos perfeitos e nunca cometamos erros, mas sim que temos de assumir a responsabilidade por nossas ações e que devemos nos arrepender imediatamente, se viermos a tropeçar.

Depois que Sam foi embora, fiquei conversando um pouco com o pastor Bob e Carl. Estava agradecido por seu apoio a um programa da igreja dedicado à prevenção do homossexualismo.

— A coisa que mais me preocupa é que são muito poucas as igrejas que se mostram abertas ou receptivas a esta idéia. Elas podem até concordar e sorrir, no princípio, mas depois de alguns contatos, fica óbvio que não querem tocar neste assunto, nem mesmo à distância.

Carl concordou, dizendo:

— Acho que as pessoas têm medo de algum tipo de estigma. Os grupos de jovens das igrejas, por exemplo, querem atrair pessoas bonitas e populares. Se alguns garotos que eles consideram desajustados começarem a participar das

reuniões, há o medo de que acabem desviando os outros e que todo o trabalho seja comprometido.

O pastor Bob concordou:

— Os adultos não falam assim tão abertamente sobre este assunto, pelo menos não a princípio. Mas não preciso dizer o que aconteceria se casais de homossexuais começassem a freqüentar os cultos. Há pessoas que simplesmente mudariam de congregação.

— Não é que estejamos pregando que o homossexualismo é certo para nós e para Deus — ressaltou Carl. — Sempre falamos que é pecado, mas também dizemos que Jesus veio para salvar os pecadores. Ainda não vi nenhum casal gay no santuário, mas já vi algumas pessoas que sei que estão envolvidas no homossexualismo. Elas geralmente vêm à igreja por conta própria.

O pastor Bob tirou, displicentemente os óculos e começou a limpá-los com a gravata. Depois, disse:

— Um deles marcou uma entrevista comigo, outro dia. O pai é pastor e o pobre rapaz está bem confuso, achando que cometeu o "pecado imperdoável". Espero tê-lo convencido de que está errado. O resultado do seu teste de HIV deu positivo, e ele precisa muito da ajuda de uma comunidade cristã amorosa e compreensiva. Só espero que a nossa igreja seja este lugar.

— Não tenho certeza de que o Sam vai cooperar conosco — disse Carl, franzindo a testa.

— Só o tempo dirá — falou o pastor Bob. — Sem dúvida, ele está enfrentando uma grande batalha interior, mas creio que sairá vitorioso.

Balancei a cabeça, realmente preocupado, e disse:

— Só espero que ele não perca Jason no meio da luta.

Oramos juntos por Sam e pelo rapaz com AIDS, nos comprometendo a continuar intercedendo por eles em oração, todos os dias. Nós sabíamos que aprender bons princípios não é o suficiente. Nossos amigos precisavam de uma força maior que a mera vontade humana, e sabíamos que nosso Senhor poderia derramar seu poder sobrenatural se fizéssemos nossa parte como líderes, e continuássemos a interceder por eles, diante de Deus.

Será que Somos Realmente "Sal e Luz"?

As falhas da liderança não envolvem apenas indivíduos, mas têm a ver com a reação da comunidade cristã diante do mundo. Quando a Igreja de Cristo se conforma com o sistema de valores do mundo, deixa de ser "sal e luz", e não oferece mais proteção e orientação à sociedade a que pertence.

Recebo uma enorme quantidade de literatura sobre liderança e administração, enviada por entidades cristãs e seculares. Se as etiquetas dos remetentes e os logotipos fossem apagados, eu não saberia dizer de onde vêm muitas delas. Os métodos e abordagens são virtualmente idênticos, e pretendem atingir o mesmo objetivo: sucesso a qualquer preço. Elas defendem a idéia de que se deve fazer qualquer coisa para alcançar poder, pessoas ou lucros.

A mensagem contida em grande parte deste material é que os fins justificam os meios. Isto pode envolver o uso do ódio e do medo para angariar dinheiro, como também caluniar pessoas ou organizações. Pode envolver julgamentos falsos ou parciais para se colocar determinadas pessoas em posição de autoridade. Pode significar a manipulação de emoções através de uma exagerada severidade quanto a uma situação.

Isso levanta uma questão interessante: O mundo se tornou santo, ou a comunidade cristã se tornou mundana? Antes de simplesmente generalizarmos a questão, é preciso uma ponderada análise. No entanto, é notória na comunidade cristã a presença de pessoas movidas pelos mais diversos interesses, nem sempre pautados pela vontade de Deus.

São pessoas que racionalizam, justificam e espiritualizam tudo o que fazem, dizendo que é tudo pelo "Reino de Deus", pela "causa de Cristo", ou pelo "ministério de Cristo à nossa geração". Isso parece desculpar todas as suas atitudes, principalmente o fato de tratarem as pessoas como se fossem "coisas" a serem exploradas e usadas, muitas vezes para o financiamento da obra de "Deus". Jesus não veio para lançar uma campanha para angariar fundos para si mesmo ou qualquer outra pessoa. E nem veio iniciar uma "causa" ou um "movimento". Jesus veio para que as pessoas pudessem ter um relacionamento completo e abundante com o Pai. Nossa missão deveria ser a mesma — nem mais, nem menos.

Oswald Chambers escreve: "Paulo não recebeu uma mensagem ou doutrina para proclamar, ele foi levado a um relacionamento vívido e pessoal com Jesus Cristo, a quem se rendeu inteiramente. Em Atos 26.16, há uma ordem bem clara: 'para te pôr por ministro e testemunha'. Não existe nada ali, a não ser a relação pessoal. Paulo foi devotado a uma Pessoa e não a uma 'causa'. Ele pertencia inteiramente a Jesus Cristo, não viu mais nada, e não viveu para mais nada".[11]

Até mesmo o apóstolo Paulo não punha o "ministério" acima dos companheiros que Deus lhe deu. Em 2 Coríntios 2.12,13, encontramos Paulo empenhado na expansão de seu ministério, diante de uma porta aberta pelo Senhor; mas ele não sabia onde estava Tito. Paulo deixou passar o que parecia ser a mais excepcional oportunidade de seu ministério, pois, em vez de agarrar-se a ela, foi para a Macedônia procurar Tito. *Paulo não sacrificou o indivíduo por causa do chamado de Deus. Os indivíduos vinham em primeiro lugar, e o ministério em segundo.*

Em seu livro *America's Only Hope* (A Única Esperança da América), Tony Evans escreve:

> Em vez de o mundo vir à igreja em busca de soluções, é a igreja que implora a ajuda do mundo. Por exemplo, a igreja tem sacrificado seus princípios de justiça para atender programas políticos. Tem posto a sua esperança em Democratas ou Republicanos, esperando que eles apresentem soluções para os nossos problemas sociais. A igreja dos negros muitas vezes se apega ao Partido Democrata e à sua luta pela justiça social. Enquanto a igreja dos brancos se apega ao Partido Republicano e à sua luta pela moralidade. O que nenhuma das duas percebe com clareza é que nenhum partido político funciona inteiramente de acordo com os propósitos de Deus.
>
> Temos nos misturado tanto com os propósitos, padrões e metodologias do mundo que já perdemos nossa identidade como povo de Deus. Se a igreja não consegue colocar a própria casa em ordem, então não tem nada a dizer ao resto da sociedade. A igreja está tão infestada de escândalos morais e financeiros, tão cheia de líderes rebeldes e ímpios que seus pálidos efeitos são ignorados pelo mundo. Isso é um resultado direto do fracasso da igreja em se manter fiel aos propósitos de Deus.[12]

Nos Estados Unidos, a moeda traz impressa a seguinte frase: "Em Deus confiamos". Temos igrejas em todas as esquinas, livros cristãos sobre quase todos os assuntos, fitas cristãs, vídeos cristãos, música cristã, conferências cristãs, educação cristã da pré-escola até a pós-graduação, programas de rádio cristãos e uma infinidade de programas de TV cristãos.

Porque, onde há inveja e espírito faccioso, aí há perturbação e toda obra perversa (Tg 3.16).

Além disso, em vez de serem identificados com a vida e com a pessoa de Jesus Cristo, os cristãos são identificados com o extremismo político, escândalos financeiros, degradação sexual, fanatismo, teorias de conspiração, e uma subcultura que opera com uma mentalidade de casamata. Quando eu era jovem, os pastores eram as pessoas mais respeitadas da comunidade. O prédio da igreja era um lugar de respeito e reverência. Esperava-se sempre honestidade de uma pessoa que se identificava com o corpo de crentes locais.

O que aconteceu? Será que é culpa da sociedade? Ou será que a Igreja precisa apontar o dedo para si mesma? Será que falhamos em revelar o verdadeiro cristianismo aos que deveriam se achegar a Cristo, mas não parecem encontrar nenhum sinal dele, nem mesmo nas igrejas?

Diante disso, não é de se estranhar que os jovens que enfrentam problemas de identidade sexual fujam dos nossos grupos de juventude tão arrumadinhos e preocupados com sua imagem. Como Carl observou na nossa história, parecemos estar mais preocupados em crescer em número, em tornar o ambiente agradável para o visitante, em nos adequarmos às normas aceitáveis da sociedade, do que em alcançar os confusos, os desagradáveis, os rejeitados pela sociedade, os "estranhos", ou os "escandalosos".

"A única coisa mais suja que ser uma lésbica numa comunidade cristã, é ser uma cristã numa comunidade de lésbicas". — Kathleen Boatwright

A subcultura gay pulula de hostilidade contra a religião, e particularmente contra o Cristianismo... Muitos homosse-

xuais foram rejeitados por seus pais em nome do Cristianismo... Para estas pessoas, a Igreja não representa uma fonte de amor e esperança, mas sim uma lembrança de ódio e rejeição. — Bruce Bawer[13]

Quando Jesus ficou diante de Pilatos, e este perguntou: "Que é a verdade?", acho que ele estava querendo dizer: "Não existe esse negócio de verdade. E, afinal, quem se importa com isso? Nós, romanos, estamos interessados em construir impérios, em eficiência e estabilidade financeira, em conquistar o mundo. Verdade? Você deve estar brincando!".

E hoje em dia? Será que a verdade é importante para a sociedade moderna? Os últimos anos fizeram-nos olhar para nós mesmos. E o que vemos é que as pessoas que temos colocado nas posições de liderança não são as que defendem a verdade e a integridade, mas sim as que aparecem bem na TV, que projetam a imagem "certa" e que nos oferecem melhorias na área financeira.

Talvez nós, crentes, não sejamos diferentes de Pilatos e dos romanos da época de Jesus, afinal de contas. Nós somos muito abastados, mas será que a expressão "pobreza moral" não nos descreve bem?

E quanto a Sodoma e Gomorra?

Os que atacam os homossexuais com mais veemência costumam citar o relato bíblico de Sodoma e Gomorra, que começa em Gênesis 13. Entretanto, podemos tirar desta história algumas lições interessantes a respeito de Ló — que era um cidadão influente em Sodoma — e de uma série de escolhas que ele teve de fazer. Muito embora o Novo Testamento chame Ló de "justo" (2 Pe 2.7), se examinarmos com cuidado, acredito que o leitor concorde comigo que o tema principal da vida de Ló foi a autopromoção e a acomodação. Podemos ver também alguns contrastes desconcertantes entre a reação de Abraão diante do mal e a reação da comunidade cristã de hoje.

Em Gênesis 12, lemos que Abraão adotou e criou seu sobrinho Ló, e isto deu ao rapaz a oportunidade de observar a caminhada de seu tio com Deus. Durante esse tempo, ele sem dúvida observou os altos e baixos da peregrinação espiritual do tio. Ele provavelmente testemunhou o modo como Deus lidou com Abraão quando este contou aquela "meia verdade" sobre sua mulher Sarah. É provável que Ló estivesse presente durante a confrontação entre Faraó e Abraão, e também deve ter presenciado, em primeira mão, os momentos em que Abraão prestava sincera adoração a Deus.

Em Gênesis 13, chegamos ao problema da superabundância de riqueza: gado demais para a terra alimentar. Muito embora, pelo costume e posição na família, Abraão tivesse o direito de escolher a terra que desejava, ele abdicou deste direito e deixou que Ló fizesse a escolha entre um belo e fértil vale e as encostas áridas e escarpadas. Ló preferiu o vale, e nele estavam as cidades de Sodoma e Gomorra. Agora, vamos refletir um pouco sobre tudo isso.

Em primeiro lugar, Ló devia toda a sua riqueza e sucesso a seu tio Abraão. Em segundo lugar, na escolha que fez, ele demonstrou não ter nenhum respeito ou gratidão pelo tio que o criou.

Entretanto, não é difícil imaginar o que Ló pensou: "Para que eu continue a prosperar, preciso do vale verdejante. A terra árida que fica do outro lado não se compara a esses prados. Além disso, minha família terá mais oportunidades sociais e as crianças tirarão proveito da melhor qualidade de vida nas cidades. Terão chances de uma educação melhor e, quem sabe, talvez com a minha história de sucesso eu consiga exercer alguma influência política".

Então, Ló se mudou para Sodoma. Na verdade, ele não se estabeleceu exatamente ali, mas nas proximidades da cidade. No capítulo 14, entretanto, Ló estava vivendo em Sodoma e Abraão teve de resgatá-lo. Ao que parece, Ló e sua família foram tomados como reféns durante um conflito militar local, seqüestrados de suas casas e levados para um lugar estranho.

Agora, há aqui uma questão interessante. Se Abraão fosse membro de uma das nossas igrejas, hoje em dia, como reagiria diante da situação de Ló? Talvez ele dissesse...

- Bem feito para ele; não me respeitou como devia.
- Ló estragou a própria vida; eu bem que avisei, mas ele não me deu a menor atenção.

- Por que eu arriscaria o que tenho para tentar pagar o resgate dele?
- Toda a minha vida e a da minha família seriam drasticamente afetadas se eu me envolvesse nos problemas dele.
- Ele provavelmente deve estar com AIDS, já que vive ali no meio daquela gente.

No entanto, Abraão não disse nada disso. Na verdade, ele não disse nada; simplesmente arriscou a vida para salvar seu sobrinho teimoso.

A Bíblia diz que Ló estava "assentado à porta de Sodoma". Os eruditos acreditam que isto pode indicar que ele era o prefeito ou algum alto funcionário do governo de Sodoma. Aparentemente, ele atingira uma posição política de destaque. Em Gênesis 18, Abraão está tentando fazer uma barganha com Deus por causa da destruição de Sodoma e Gomorra. Alertado de que Deus estava para destruir aquelas cidades por causa da sua maldade, Abraão pergunta a Deus se Ele pouparia a cidade, caso encontrasse cinqüenta justos vivendo lá. Abraão continua a barganhar até chegar a dez pessoas. Uma pergunta me vem à mente: Por que ele parou no número dez? Talvez, se Ló tivesse sido um bom guia espiritual para sua família, dez fosse um número suficiente. Vejamos como eu faço esta conta:

Gênesis 19.12: Filhos é usado no plural; então, pelo menos	2
19.14: Genros que casariam com as filhas; plural, novamente[14]	4
19.15: Duas filhas solteiras	2
Ló e a mulher	2
Total	10

Se os meus cálculos estão corretos, e se Ló tivesse influenciado sua família, agora ampliada, para servir a Deus, Sodoma teria sido poupada da destruição. Mas Ló sempre parecia ter outras coisas em mente — as mesmas coisas que o fizeram escolher o vale fértil: conforto, riqueza, prestígio e sucesso.

A questão que precisa ser respondida por nossa comunidade cristã é: nós nos identificamos mais com Abraão, ou com Ló? E como Deus nos vê? Como Abraão ou como Ló? Realmente, não é de admirar que nossa sociedade rejeite a mensagem que trazemos e não nos dê ouvidos. Que motivo o mundo teria para nos levar a sério?

As igrejas conservadoras, que falam tanto de caridade cristã, ficam numa posição particularmente vulnerável por causa da impiedosa hipocrisia que manifestam em relação aos pacientes com AIDS. — Marshall Kirk e Hunter Madsen[15]

Muitos afirmam estarem construindo belos templos, desenvolvendo imensas empresas e organizações para Jesus. Mas será que esses templos são mesmo para Ele, ou para si mesmos? O que tenho observado ao longo dos anos é que muitos estão mais interessados em "contar e guardar ovelhas" do que em cuidar das doentes e feridas, ou em limpar a sujeira que elas deixam nos currais. Eles acham que isso é trabalho para outra pessoa fazer, não eles.

Já que eu estou tratando da questão do homossexualismo, gostaria de perguntar — desculpem a minha franqueza: Por que tão poucos cristãos se envolvem no trabalho de assistência social ou no cuidado dos que estão morrendo de AIDS? Por que os nossos ministérios de Mocidade marginalizam os jovens que apresentam confusão de identidade sexual, quando a igreja pode ser sua última parada antes de buscarem refúgio na comunidade *gay*? Por que os homossexuais são tão mal recebidos nas nossas igrejas, se afirmamos que temos a mensagem que pode salvar a sua alma, e talvez sua vida?

Certamente não aprendemos este tipo de ostracismo com Jesus. Num exemplo bastante específico, Ele ofereceu *honra e respeito* a uma pessoa que era considerada socialmente inaceitável, principalmente pela comunidade da fé daquele tempo. Em João 4.1-42, lemos sobre o encontro de Jesus com a mulher samaritana.

Historicamente, sabemos que os judeus preferiam contornar Samaria a ter de viajar por aquela região. Talvez fosse preconceito ou, simplesmente, uma animosidade de longa data entre os dois povos. Mas, fosse qual fosse o problema, Jesus colocou-se numa posição vulnerável quando entrou em território hostil, e também quebrou a tradição quando falou com uma mulher. Depois, quebrou mais ainda a tradição ao pedir-lhe um favor, o que a deixou um tanto surpresa. Ele se envolveu ativamente na conversa com ela, demonstrando que ela era uma pessoa amada por Deus. Embora soubesse da história de vida pouco agradável daquela mulher, Jesus não se importou com tradições ou convenções sociais. O resultado é que toda a cidade foi atraída para Jesus pelo testemunho dela a respeito do encontro que tivera com Ele.

Todo ministro cristão, diante de sua responsabilidade pastoral, precisa perguntar a si mesmo se sua congregação está pronta a reagir de forma positiva diante dos homossexuais, ajudando-os e cuidando deles. Os que respondem a esta pergunta dizendo que a questão não se aplica porque "não temos este tipo de gente aqui", podem estar completamente desatentos às necessidades que existem em seu próprio meio.

Elizabeth Moberly[16]

O Jesus que eu conheço tocava nos leprosos, que eram os párias do seu tempo. Ele não mandava os seus discípulos fazerem isso, nem lhes dava algumas moedas para distribuir entre os aflitos. Ele mesmo os tocava, apesar de sua condição de impuros, e ia ao seu encontro onde eles estavam. Ele comeu com os desprezados coletores de impostos. Ele foi acusado de andar com prostitutas e outros notórios pecadores. Será que nós deveríamos fazer menos que isso? Ou será que devemos dizer: "Foram eles mesmos que buscaram tal situação", e ir embora?

É claro que há exceções à regra de que os cristãos não procuram alcançar os pecadores. Tanto aqui como em outras partes do mundo, Diana e eu temos encontrado homens e mulheres cujos pés não somos dignos de lavar. Essas pessoas dedicaram a vida, em nome de Jesus, aos pobres, feridos, destituídos e rejeitados pela sociedade. Pessoalmente, conhecemos:

- Obreiros que cuidam dos pacientes de AIDS em estado terminal, prestando-lhes assistência e, no fim, os enterrando. Muitas destas vítimas foram rejeitadas pelas famílias, que chegam a negar que elas um dia existiram.
- Pessoas que ajudam a cuidar de mulheres e crianças que sofreram abusos sexuais.
- Trabalhadores que cuidam ternamente de viciados em drogas e álcool.
- Mantenedores que ajudam os sem-teto a encontrarem trabalho e abrigo.
- Pessoas que providenciam assistência médica aos que não podem pagar por ela.
- Pessoas que providenciam assistência e treinamento para as populações faveladas. Estivemos com essas pessoas na América Latina, África, Filipinas, Índia e China.
- Pastores e leigos que prestam assistência em países destruídos pela guerra, muitas vezes sob o risco de balas perdidas e da artilharia antiaérea.
- Jovens profissionais que exercem seu ministério em países "hostis", colocando em risco a própria vida e a vida de suas famílias.

Jesus disse que os campos estavam brancos para a colheita, mas os trabalhadores eram poucos. Infelizmente, hoje em dia as coisas continuam exatamente como naquela época. Merecem o nosso reconhecimento aqueles que estão arriscando a vida pelo Reino de Deus.

Recentemente, entramos em contato com um grupo de jovens pastores comprometidos com o Reino, e que desejam sinceramente atuar na vida de jovens que lutam com problemas de identidade sexual. Estes pastores estão buscando meios de alcançar jovens que apresentam algum dos "sinais de alerta" que listamos no Capítulo 1. E antes que sigam de fato uma orientação homossexual, estes jovens são orientados de acordo com algumas ações colocadas em prática. Aqui estão as medidas que estão sendo aplicadas:

Doze Passos de Ação Positiva

Todas as orientações apresentadas a seguir devem ser seguidas com discernimento e sem que haja uma mudança drástica na interação com o jovem. Esses indivíduos são, geralmente, pessoas muito sensíveis e intuitivas, que consideram qualquer tentativa clara de "mudá-los" como algo excessivamente óbvio e condenatório.

1. Faça tudo à luz da Palavra e do amor de Deus. Um estudo em grupo sobre a visão bíblica do homossexualismo, incluindo fatos e mitos sobre o assunto, com uma discussão franca sobre o estigma atribuído à questão seria uma maneira lógica de começar. Há muito medo associado a este assunto, especialmente entre os rapazes. Este é um tópico que gera muita zombaria, piadas e preconceito sem desculpas.

O desafio é encontrar um meio de vencer essas reações e substituí-las por um ambiente que seja inclusivo para todos os jovens, não importa quais sejam as suas dificuldades. Esse objetivo se torna mais complicado se os adultos envolvidos tiverem conflitos com seus próprios medos e inseguranças nesta área.

O amor cristão é o alvo final, e ensinar os jovens a amar o que não é "amável" é uma lição de vida importantíssima, independente de qual seja a característica desagradável da outra pessoa. Devemos procurar transmitir a mensagem de que alcançar os jovens que estão "em risco" é mais uma oportunidade de demonstrar o amor incondicional — e firme — de Jesus por aqueles que mais precisam dEle. Se o jovem puder compreender esta visão e deixar de lado sua homofobia, o processo será muitíssimo mais fácil. Um modo de conseguir isso é comparar o homossexualismo com o vício do fumo ou o abuso de álcool ou drogas — nós continuamos a ser amigos da pessoa que tem qualquer um desses problemas, porém deixamos claro que não aprovamos, nem participamos, de seu comportamento autodestrutivo.

2. Seja inclusivo, a despeito de qualquer coisa. É essencial que tanto o líder dos jovens quanto o próprio grupo elimine qualquer inclinação de segregar os que são diferentes. Inclua a pessoa em todas as atividades, especialmente esportes para os rapazes (tente evitar situações constrangedoras, como ser escolhido por último na formação do time).

3. Apresente modelos positivos. Providencie modelos heterossexuais adequados para os rapazes e moças do grupo de risco. Um ambiente familiar saudável, forte liderança masculina e comportamento feminino apropriado são fatores que contribuem para um processo de socialização eficiente.

4. Reforce a identidade sexual verdadeira. Algumas pequenas atitudes podem contribuir em muito na reconstrução de áreas destroçadas da alma e do coração do jovem que queremos ajudar. Entre elas, a afirmação integral da personalidade, das realizações do indivíduo, da sua aparência e do seu comportamento sexual apropriado. Lembre-se sempre da insegurança interior deste tipo de pessoa e do quanto ela necessita de atenção e aprovação.

5. Descubra um meio de falar em abuso sexual. Procure, se possível, identificar os casos de abuso ou assédio, e providencie aconselhamento cristão. Certifique-se de que os conselheiros envolvidos tenham uma visão bíblica e bem informada do homossexualismo. É preciso que sejam pessoas que não tenham qualquer julgamento errôneo sobre o assunto, como acreditar que seja "geneticamente predeterminado".

6. Identifique possíveis problemas hormonais. Às vezes, uma alteração extrema no comportamento sexual é resultado de desequilíbrio hormonal, e pode ser tratada com sucesso por um médico qualificado. Se você suspeita que pode ser esse o caso, tente tocar no assunto com os pais do jovem e sugira uma avaliação médica.

7. Comunique! Procure estabelecer o diálogo. Escute com atenção e mantenha-se sempre bem informado para poder responder as perguntas que surgirem.

8. Elogie todos os esforços positivos. Reforce positivamente todos os esforços e evidências de mudança. Lembre-se de que este jovem está saindo de um engano e certifique-se de que a verdade seja sempre reafirmada com entusiasmo.

9. Ensine a Bíblia. Cada um no grupo deve ser bem ensinado quanto aos princípios cristãos relativos ao homossexualismo, a castidade, o perdão, o controle dos pensamentos e da "transformação pela renovação da mente".

10. Se tiver de confrontar, faça-o com cuidado. Não confronte se não houver acordo entre os colaboradores da juventude, pastores e conselheiros cristãos, levando em consideração a reação esperada da família. Se tiver de haver confrontação, faça-a com sabedoria, discrição e oração. Acima de tudo, não acuse jamais!

11. Estimule a abertura. Permita que as emoções sejam liberadas e não se surpreenda com uma intensa descarga de sentimentos e temores. Se julgar necessária a presença de um conselheiro, encontre um meio de trazê-lo para o grupo, levando em consideração questões como a disponibilidade financeira, transporte e a importância da família.

A propósito, isto não significa que você deva se submeter a uma lista interminável de problemas ou a lavagem de roupa suja em público. Se você usar uma abordagem de "programa de entrevistas", isto pode fazer com que o comportamento errado da pessoa se torne o centro das atenções e, com isso, irá recompensar as más ações. Em vez disso, procure ouvir durante algum tempo e depois faça uma ou duas sugestões positivas. Mais tarde peça ao jovem que lhe conte se elas funcionaram ou não. Acima de tudo, faça com que a pessoa saiba que você realmente se importa com ela.

12. Prepare-se para revelações sinceras. Se o rapaz ou moça levantar a questão ou mostrar preocupações quanto à sua identidade sexual, use este modelo de resolução de problemas juntamente com os passos acima:

Avalie a situação, buscando a Deus em oração.
Determine qual é realmente o problema.
Estabeleça a necessidade de a pessoa prestar contas de seus atos
Selecione um plano de ação.
Faça uma lista de soluções alternativas.

Os anos de experiência me ensinaram que as questões sobre identidade sexual dentro de um grupo de jovens não devem ser colocadas de forma confrontante, a não ser que a liderança julgue apropriado. Os "Doze Passos de Ação" podem ser aplicados sem que sejam mencionados nomes ou detalhes particulares. Confrontar a pessoa pode ser falta de sabedoria, a menos que o próprio jovem traga o assunto para ser discutido e peça ajuda. Os adultos envolvidos podem até mesmo concluir ser esse é o melhor caminho para resolver o problema, mas deve-se buscar a orientação de um conselheiro cristão. De qualquer forma, a acusação deve ser explicitamente evitada.

A solidariedade com a família é um princípio importante. O ideal seria que a família do jovem fosse envolvida no processo, informada e estimulada a procurar ajuda para seu filho, ou filha. Infelizmente, os jovens que mais necessitam do apoio familiar são justamente os que menos o recebem. Um dos elementos-chave no homossexualismo é exatamente a existência de um lar conturbado.

Os pais às vezes ficam excessivamente alarmados, e até hostis, quando se fala em homossexualismo, principalmente se um filho está envolvido. Esta hostilidade é ainda mais comum nos casos em que eles não cultivam valores bíblicos, sentem-se pessoalmente ameaçados pelo problema, estão socialmente envolvidos no homossexualismo, ou têm uma atitude crítica em relação à liderança do grupo de juventude da igreja. É claro que esta é uma área muito sensível e que pode acabar gerando reações defensivas extremas, se não for tratada com sabedoria.

Sam me ligou às onze da noite de sexta-feira, quando eu já estava quase dormindo, e parecia muito agitado.

— Don, você precisava ver o sujeito que Jason trouxe para jantar aqui hoje. Não acredito no que vi! Na minha opinião, você e o Carl estão redondamente enganados sobre o Jason, e o que aconteceu hoje é a prova.

No dia seguinte, bem cedo, peguei o carro e fui para a igreja, onde tinha encontro marcado com Carl, Sam e Jason. Eu não estava exatamente ansioso pelo confronto, mas sentia que já era hora de discutir abertamente a situação do rapaz.

Quando cheguei, vi Jason todo de preto, afundado na poltrona, olhando com uma expressão séria um ponto fixo na parede.

Sam, estava pálido e abatido, e parecia não ter dormido nada aquela noite. Ele não tirava os olhos de Jason.

Carl, que parecia extremamente à vontade, disse algo surpreendente:

— Jason, não sei qual é o motivo desta nossa reunião de hoje,

mas, antes de começarmos, gostaria de agradecer por ter levado o Stephen para jantar ontem. Ele está realmente precisando fazer amizades novas. Você deve ter percebido que ele está bem confuso, não é?

Jason deu uma gargalhada.

— E como está confuso! Ele disse que quer experimentar heroína, já usou crack, acha que é alcoólatra e tem quase certeza de que é bissexual. Isso é que eu chamo de confusão!

— Bem, convidá-lo para jantar na sua casa foi realmente uma atitude generosa. Obrigado a você, também, Sam, por se dispor a recebê-lo. Estamos tentando aprender como alcançar esses jovens problemáticos, e vamos precisar de toda a ajuda possível.

Sam e eu nos entreolhamos, e eu disse:

— Sam, acho que você precisa saber um pouco mais a respeito do programa que estamos desenvolvendo. Se você se interessar, pode nos ajudar muito, porque Jason concordou em fazer parte do projeto. Se quiser, podemos lhe dar maiores detalhes.

Sam deu um suspiro e, pela primeira vez, parecia ter tirado um peso dos seus ombros. Ele levou um minuto ou dois pensando no assunto e tentando absorver melhor aquela novidade. Finalmente, quando ele falou, senti surgir uma ponta de esperança de que suas palavras pudessem marcar o início de um novo relacionamento com o filho.

— Jason — disse ele, — se você quiser se envolver em algum tipo de ministério, eu gostaria de ajudar. Talvez seja algo que possamos fazer juntos...

— Talvez, pai.

Não foi fácil, e nem sempre agradável ou divertido, mas eles resolveram trabalhar juntos.

Capítulo Nove

Perdão e Paz de Espírito

Ao longo das páginas deste livro, examinamos muitas situações que podem, em miríades de combinações, preparar o caminho para uma orientação homossexual, ou mesmo para o homossexualismo declarado. A sua reação, leitor, diante desses assuntos, provavelmente depende do seu papel. Você pode ser um pai ou mãe, um obreiro, um pastor de jovens, um jovem que está confuso quanto à sua própria identidade sexual, ou pode ter concluído que é um homossexual.

Vale a pena repetir que, seja você quem for, e sejam quais forem as suas experiências passadas, um indivíduo que está em luta com o homossexualismo suporta uma tremenda carga de sofrimento emocional. Esta é a primeira mensagem que as pessoas com quem tenho lidado, e que estão nessa situação, sempre me transmitem. A segunda mensagem que escuto é que o homossexual deseja ardentemente ter paz interior, justamente o que, para essas pessoas, é o mais difícil de encontrar.

Deus fez algumas promessas maravilhosas sobre a paz interior, e nós já estaremos abordando-as. Mas, neste momento, vamos examinar a principal razão para que nós, seres humanos, cristãos e não-cristãos, percamos a paz. Essa razão tem a ver com desobediência e falta de perdão. Algumas vezes, nós mesmos somos os causadores de algum mal a determinada pessoa, sem tê-la procurado para pedir perdão. Outras vezes — e este é o caso mais comum — não conseguimos perdoar uma outra pessoa, ou a nós mesmos, ou ainda o próprio Deus.

Em algumas pessoas, a raiva funciona como uma espécie de combustível. Em outras, a amargura fica escondida dentro do coração, esperando que o malfeitor "pague" pelo que fez. O motivo do rancor pode ser a dificuldade de se deixar para trás lembranças dolorosas, o que faz com que a pessoa não consiga desejar o bem daqueles que a fizeram sofrer, ou chegue até a se alegrar com o sofrimento deles. Mas, às vezes, nem percebemos que temos espírito rancoroso, e a melhor pista para descobrir isso é quando nos pegamos dizendo: "Enquanto eu viver, não perdôo fulano!", ou então sacudimos a cabeça e dizemos: "Isso é simplesmente imperdoável".

Recusando-se a Perdoar

Por que nos recusamos a perdoar os outros? Às vezes, devido à dimensão que damos ao mal que nos fizeram e ao sofrimento que nos causou. Mas esta não é a única razão. Muitas vezes nosso senso de autojustificação torna-se uma barreira no caminho do perdão. Esses dois fatores se combinam e nos levam a dizer frases do tipo: "Como ele pôde fazer isso comigo? Eu nunca teria feito uma coisa dessas com ele!". Isso é muito comum nas situações que envolvem conduta sexual imprópria, tanto homossexual quanto heterossexual.

Porque, se perdoardes aos homens as suas ofensas, também vosso Pai celestial vos perdoará a vós (Mt 6.14).

Quando eu era adolescente, tive muitos mentores do sexo masculino que influenciaram minha vida. Um deles, em particular, teve um impacto muito grande sobre mim. Mas antes de eu o conhecer mais de perto, ele fez uma coisa muito ruim e, ao meu ver, desprezível. Embora ele tenha se arrependido sinceramente e se reconciliado com as partes ofendidas de uma forma nobre, eu era muito imaturo e não conseguia perdoá-lo. Eu havia perdido completamente o respeito por aquele homem.

Bem, acredito que Deus tenha senso de humor e, por isso, às vezes encontra maneiras muito criativas de chamar minha atenção. Uma vez, durante o verão, minha mulher e eu fomos acampar nas montanhas e, quando chegamos à área de *camping*, vimos que só havia um lugar disponível. E adivinhem só quem acampou do nosso lado? Exatamente: meu ex-mentor.

Eu ainda achava que ele era desprezível, mas, relutantemente, concordei em me rebaixar, sorrindo-lhe e sendo agradável (o mais agradável que um homem "mais justo" poderia ser num caso desses). Naquela noite, para meu desprazer, Diana e eu fomos convidados a nos juntarmos a eles em volta da fogueira. Não demorou muito e me vi diante dele. Tentei ser um bom ator e mantive aquele sorriso falso no rosto.

O homem "caído", que estava sendo muito mais sincero que eu, começou a falar sobre o pecado que cometera e suas conseqüências. Com os olhos brilhantes, ele me contou como Deus havia redirecionado o seu ministério e explicou que agora estava trabalhando com pessoas sofridas e marginalizadas pela sociedade. Disse que estava ansioso para se aposentar, pois assim poderia dedicar mais tempo e energia ao seu novo ministério.

Deus havia me atingido com seu proverbial martelo de forja. Eu quase conseguia ouvi-Lo dizendo: "Don, como é que você se recusa a se reconciliar com o meu servo? Ele já se arrependeu e enfrentou de forma honrada as conseqüências do pecado. Além disso, está avançando na minha obra. Quem disse que você pode julgá-lo?".

É claro que eu o perdoei. De fato, tive de pedir perdão a ele por minha atitude legalista. O resultado é que tenho novamente meu antigo mentor, agora restaurado, e por quem guardo grande estima.

Perdoando "Os nossos Devedores"

Às vezes é mais fácil dizer do que fazer, quando se trata de perdoar os que nos magoam. Acompanhei de perto duas situações distintas, onde tive de ajudar as vítimas a enfrentarem a dor causada por outras pessoas. A primeira terminou bem, pelo menos dentro do que se poderia esperar. Já a segunda, foi desastrosa. Vamos, primeiramente, pedir a "Elise" que conte sua história. A carta a seguir é genuína e foi escrita por uma adolescente, em resposta à revelação da homossexualidade de seu pai.

> — Crianças, eu sou homossexual — anunciou meu pai.
> De repente, a "rocha" onde eu havia construído minha vida desmoronou, e foi como se o mundo desabasse sobre mim.
> Num instante, meu pai caiu do pedestal onde eu o tinha colocado.
> — Como você pode ser homossexual, pai? Depois de dezessete anos de casado, o senhor simplesmente descobre que é *gay*?
> O que é que os meus amigos iriam dizer? Como é que eu iria aparecer em público com ele, agora? Será que, algum dia, eu conseguiria olhar para ele com o mesmo amor que sentia antes? Será que esse era o mesmo homem que me consolava quando eu estava triste e me dava um beijo de boa noite quando eu ia dormir? Eu não tinha certeza de que conseguiria amá-lo de novo.
> Sentindo-me arrasada, comecei a procurar respostas para perguntas que antes não existiam. Minha mãe achou que a saída era procurar aconselhamento, e disse:
> — Isso vai ajudá-la a separar as coisas.
> — Acho que vai ajudar a senhora a pensar que eu estou separando as coisas — respondi com raiva.
> Procurei um conselheiro, com o coração cheio de mágoa, e pedi a Deus que me ajudasse a restaurar o relacionamento com o meu pai. Embarcar nesta jornada foi a coisa mais difícil da minha vida.
> O maior obstáculo foi vencer a desilusão. Pouco a pouco, estou aprendendo a amar meu pai, de novo, embora não aceite seu estilo de vida. Mesmo desapontada, estou perseverando, aprendendo a ser mais confiante e amorosa, e tentando amar as pessoas pelo que elas são, e não pelo que fazem.

Então, Pedro, aproximando-se dele, disse: Senhor, até quantas vezes pecará meu irmão contra mim, e eu lhe perdoarei? Até sete? Jesus lhe disse: Não te digo que até sete, mas até setenta vezes sete (Mt 18.21,22).

A segunda história é de partir o coração. "Lynne" é uma jovem senhora muito bonita, criada no que ela mesma descreve como lar cristão. De fato, seu pai é pastor. Porém, enquanto fazia aconselhamento buscando resolver seus problemas pessoais, Lynne finalmente admitiu que havia sido molestada sexualmente pelo pai por muitos anos, durante a infância e adolescência.

Como aquele homem era, ao mesmo tempo, seu pai e o líder espiritual de sua igreja, Lynne foi ferida no mais profundo de seu ser, pois o desvio sexual do pai e a vida dupla que levava corromperam completamente a imagem que ela tinha de Deus como Pai celestial.

O conselheiro tanto insistiu que Lynne criou coragem para confrontar o pai a respeito dos acontecimentos do passado, e ele não negou suas ações, nem assumiu a responsabilidade por elas. O que disse foi:

— Deus já me perdoou, e você também tem de fazer o mesmo.

Que resposta brutal, vinda de um estuprador que é duplamente responsável diante de Deus, como homem em posição de autoridade espiritual! Que reação Lynne poderia ter diante de tamanha monstruosidade?

Na verdade, sua reação foi a pior possível. Ela se tornou extremamente promíscua, desonesta, desgarrada, e mergulhou em todo tipo de comportamento autodestrutivo, pondo em risco a própria vida.

Na trágica história da vida de Lynne, são inumeráveis as perguntas que começam com "O que teria acontecido se...". Por exemplo, o que teria acontecido se o pai se arrependesse e pedisse perdão a ela, sinceramente? E se ele confessasse seu pecado? E se ela tivesse força espiritual para vê-lo como ele é e superar a dor dos estupros de que foi vítima? E se ela conseguisse perdoá-lo, apesar de saber que ele era responsável pelos seus erros?

Essas perguntas, por enquanto, continuam sem resposta. Em vez de se humilhar e confessar seu pecado, esse homem — que continua a pregar e a desempenhar seu papel de pastor-presidente — recusa-se a apoiar a filha, a aceitá-la, e até a reconhecer o imenso pecado que cometeu contra ela. Hoje, Lynne vive presa numa rede de pecados e riscos tremendos, da qual só Deus pode livrá-la.

Lynne e Elise foram terrivelmente feridas pelos atos dos pais, e ambas se viram diante do desafio de perdoar, quando isso lhes parecia impossível. Isso levanta uma questão profunda: Como vamos perdoar alguém que se recusa a se arrepender e confessar o seu erro? Como sempre, Jesus é o nosso exemplo. Quando estava sofrendo a pior injustiça de todas — morrendo em completa inocência, nas mãos dos malfeitores —, Ele perdoou de forma audível os seus executores. Os assassinos não se arrependeram, mas Ele os perdoou assim mesmo.

— Certo, mas Ele era o Senhor — dizemos nós.

É verdade, mas Jesus também era inteiramente humano. Perdoar pessoas que não se arrependem não é algo fácil, pois não parece certo, nem justo. Sem aconselhamento e oração, pode ser até impossível. Mas será que um discípulo pode fazer outra coisa, a não ser seguir o exemplo do Senhor?

Como Superar a Raiva?

O perdão pode às vezes parecer uma barreira intransponível em nossa vida, e o grau de dificuldade nem sempre é proporcional ao mal que nos causaram. Já houve vezes em que achei fácil perdoar grandes ofensas, mas tive muita dificuldade com outras menores. Há muitos anos, nossa família passou por uma crise financeira. Estávamos em meio a um período que durou cerca de oito anos, em que o dinheiro que ganhávamos com a fazenda não era o bastante para nos sustentar. Diana trabalhava na cidade, o que evitava de todo a nossa ruína financeira. Por outro lado, o ministério cristão que tínhamos numa universidade atravessava um período de sucesso.

Um dia, outro pastor que trabalhava no mesmo *campus* universitário veio conversar conosco sobre o que ele chamava de um "relacionamento unificado, cooperativo-operativo", e disse que isso mostraria aos alunos que tínhamos uma "unidade em Cristo" que ia além de nossos ministérios individuais. A idéia parecia excelente, e nós lhe demos apoio irrestrito.

Porém, Diana e eu não percebemos que aquele homem tinha segundas intenções. O número de rapazes e moças no nosso ministério era mais ou menos equilibrado, mas, de repente, percebemos que os líderes estudantis masculinos, que eu havia discipulado durante anos, tinham nos deixado para seguirem a "visão mais ampla" que o outro pastor tinha para o ministério no *campus*. Só ficaram as mulheres, o que, por questões práticas, acabou com o nosso trabalho. Naquele tempo, os homens não participavam de um grupo religioso que tivesse presença maciça de mulheres.

Eu fiquei furioso. Senti que havia sido traído por um irmão em Cristo e, embora eu fizesse o maior esforço para perdoá-lo e me reconciliar com ele, a amargura estava me consumindo. Havia momentos em que eu achava ter conseguido controlar minha raiva, mas logo depois vinha aquela batalha furiosa dentro de mim, outra vez. Aquilo já começava a afetar a minha saúde.

O sofrimento que passei nas mãos daquele homem não se compara com o de Elise ou Lynne. De fato, eu mesmo posso citar uma série de outras situações mais difíceis pelas quais passei durante a vida, onde o perdão veio de forma fácil e espontânea. Entretanto, embora aquela "dívida" tenha sido pequena em comparação a outras, meu conflito interior foi monumental.

Felizmente, os amigos e a família estavam orando por mim, e Deus falou comigo de uma forma muito amável. Ele procurou me fazer lembrar que o meu ministério, na verdade, pertencia a Ele — pelo menos, era isso que eu dizia o tempo todo. Contudo, meu método usual de perdoar, que incluía a expressão do perdão em palavras e a subseqüente atitude de cordialidade, não estava funcionando desta vez. A raiva tomara conta de mim de uma forma tal que eu quase não conseguia conviver comigo mesmo. Pensando bem, nem sei como Diana e os outros colaboradores do ministério conseguiam conviver comigo.

Palavras de Deus que não Gostamos de Ouvir

Não demorou muito até eu me lembrar (de novo) que servimos a um Deus fiel e habilidoso, que estava para me expor algumas formas práticas de perdoar. Eu estava lendo o Evangelho de Lucas durante o meu devocional, certa manhã, quando me deparei com algo que me parecia uma forma totalmente irrazoável, impensável e irracional de lidar com injustiças pessoais. No momento, meu comentário foi:

— Meu Deus, o Senhor só pode estar brincando! De jeito nenhum!

Naquela manhã, a passagem de estudo era Lucas 6.27-30, que diz:

> Mas a vós, que ouvis, digo: Amai a vossos inimigos, fazei bem aos que vos aborrecem, bendizei os que vos maldizem e orai pelos que vos caluniam. Ao que te ferir numa face, oferece-lhe também a outra; e ao que te houver tirado a capa, nem a túnica recuses. E dá a qualquer que te pedir; e ao que tomar o que é teu, não lho tornes a pedir.

- "Amai a vossos inimigos". Bem, achei que isso era um tanto radical, mas Jesus era mesmo radical, e isso é bem próprio do seu estilo.
- "Fazei bem aos que vos aborrecem". Isso já me parecia um pouco demais, e a idéia de fazer bem ao meu adversário não me agradava nem um pouco.
- "Bendizei os que vos maldizem". Isso era mais ridículo ainda. Que ser humano, em seu juízo perfeito, faria uma coisa dessas?
- "Orai pelos que vos caluniam". Agora, espere aí! Deus estava dizendo que eu deveria pedir-Lhe para abençoar aquele homem e o seu ministério? O ministério que antes era *meu*? Esqueça! Isso eu me recusava terminantemente a fazer.

Procurei uma tradução mais liberal desta passagem e, para meu desespero, todas elas pareciam dizer a mesma coisa. De fato, algumas eram ainda mais explícitas. Enquanto meditava sobre esse trecho, não podia deixar de me perguntar se Jesus estava mesmo falando sério quando disse aquelas palavras. Eu conseguia engolir aquela história de "amai a vossos inimigos" na teoria, mas a minha impressão era de que o Senhor estava me dizendo exatamente o que queria que eu fizesse na prática. E eu não estava gostando nada disso.

Lutei com Deus durante muitos dias, e foi a pior época da minha vida, porque eu teimava em não obedecer. Apresentei a Deus todas as razões possíveis para tentar provar que, desta vez, Ele estava errado. Mas Deus é paciente e persistente. Ele não volta atrás e nem muda de opinião, não importa quais sejam as nossas razões, racionalizações e revoltas. No fim das contas, consegui acertar as coisas com Ele, e a oração que fiz foi mais ou menos assim:

— Muito bem, Deus, o Senhor venceu. O Senhor disse aquilo e devia estar falando sério. Mas, vou ser honesto com o Senhor: vou fazer as coisas do seu jeito, por obediência à sua Palavra, mas não tenho absolutamente nenhum bom sentimento em relação a esse sujeito. Nenhum mesmo. O Senhor mandou, então eu vou pedir que o Senhor abençoe o ministério dele. E acho que o Senhor quer que eu ore por ele toda vez que a raiva e o rancor surgirem; então, vou fazer isso. Mas, com certeza, não estou com a mínima vontade de fazê-lo.

Bem, não houve nenhuma solução mágica. O líder do *campus* não se arrependeu nem procurou se reconciliar comigo pelo que havia feito. Com relação a isso, nada mudou. Porém, outra coisa aconteceu, e isto foi muito mais importante. De maneira sobrenatural (e tinha de ser assim), comecei a sentir paz interior e libertação daquele ódio, que era realmente o que eu mais queria.

Contudo, tenho de confessar que não aconteceu da noite para o dia. Sempre que eu começava a sentir aquela onda de raiva crescendo dentro de mim, sabia que aquele era o sinal para que eu orasse positiva e urgentemente pelo ministério estudantil do líder do *campus*. Com certeza, a raiva diminuiu e eu comecei a gostar muito da serenidade recém-descoberta e passei a não me importar mais em reparar o mal feito contra mim. Gozar a paz de Deus era recompensa suficiente, e eu estava completamente satisfeito com o resultado. E sabe o que aconteceu com o nosso ministério? Foi necessário um grande esforço de equipe para reconstruí-lo, mas, no final, Deus abençoou o nosso trabalho.

No aconselhamento cristão, vejo muitas pessoas que precisam arrancar as camadas de isolamento que cresceram uma sobre a outra, durante anos de autoproteção. Antes que uma pessoa possa enfrentar uma situação ou perdoar alguém, é necessário remover suas defesas, e isto pode exigir auxílio profissional. No entanto, quero encorajar o leitor a começar a dar os passos iniciais rumo ao perdão. Conheço inúmeras pessoas que alcançaram crescimento e libertação através do processo do perdão.

O perdão não é um benefício que damos a outra pessoa, mas sim uma liberdade que damos a nós mesmos. — Tony Campbell, citado no Together Journal

Na oração do Pai Nosso, Jesus nos ensinou a dizer: "Perdoa-nos as nossas dívidas, assim como nós perdoamos aos nossos devedores". Nós temos que perdoar, como nosso Pai celestial nos perdoou. Ora, para uma pessoa que afirma que Jesus é seu Senhor e Salvador, essas palavras são muito fortes, porque parecem dizer que o perdão de Deus para nós depende do nosso próprio perdão aos outros.

Felizmente, Deus não espera que façamos o impossível. Quando oramos, acionamos seu poder transformador de vidas, que pode nos curar e nos dar uma capacidade de perdoar que não teríamos por nós mesmos. Isso se aplica quando precisamos perdoar os outros, mas também quando temos de perdoar a nós mesmos.

Confissão e Arrependimento

É claro que, às vezes, somos nós que fazemos algo errado e precisamos confessar e nos arrepender. Quando meditamos na importância do perdão, precisamos ter em mente que existe uma enorme diferença entre pedir perdão superficialmente e arrepender-se de coração pelo nosso comportamento pecaminoso. Isso fica claro em Lucas 19.8, onde Jesus encontra um sujeito chamado Zaqueu, que levava uma vida muito confortável com o dinheiro que roubava dos contribuintes, na coletoria de impostos. Ele disse: "Senhor, eis que eu dou aos pobres metade dos meus bens; e, se em alguma coisa tenho defraudado alguém, o restituo quadruplicado".

Compensar as pessoas que defraudamos é crítico. No mundo de hoje, dizer "desculpe" pode ser uma maneira frívola e socialmente correta de fugir à responsabilidade, mas fazer um esforço para reparar um mal através de uma restituição indica um verdadeiro arrependimento. Jesus, através das Escrituras, sempre descreve o arrependimento verdadeiro nesses termos.

Charles Stanley escreve: "Arrepender-se significa 'mudar a maneira de pensar e de agir'. O arrependimento é um ato da vontade e envolve um comportamento condizente com as palavras. A confissão é uma admissão de culpa; é dizer: 'Pequei'. O arrependimento transforma esta confissão em ação. Arrepender-se é declarar: 'Estou mudando minha maneira de pensar e de agir para não pecar mais'.

Se o arrependimento é verdadeiro, precisamos ir além de nossas palavras... O arrependimento genuíno — desejo e ação de não pecar novamente — valida a confissão. Os dois são inseparáveis para qualquer pessoa que deseja andar em comunhão íntima com Deus".[1]

Deus, Eu Nunca Vou Perdoar Você!

Existe uma forma muito comum de falta de perdão que, às vezes, nos passa despercebida porque não a identificamos como tal. É incorreto dizer que precisamos perdoar a Deus, pois Ele é santo e justo, e incapaz de pecar. Mas, em nossa ignorância humana, frustração e angústia, muitas vezes atribuímos a culpa de nossos problemas ao destino, à falta de sorte, ao acaso, ou até a uma força vaga e impessoal que chamamos de "Providência".

Nós, que cremos num Deus pessoal e sublime, temos de meditar no que exatamente queremos dizer ao culparmos as forças externas pelos nossos infortúnios. Se analisarmos melhor a questão, veremos que, na verdade, estamos fazendo algumas perguntas angustiantes:

- Onde estava Deus?
- Por que Ele não protegeu meu filho?
- Por que Ele permitiu que aquele estupro acontecesse?
- Um Deus Todo-poderoso não poderia me proteger dos maus-tratos do meu marido?
- Por que Deus não impediu que eu me casasse com uma mulher dessas?
- Se Deus não queria que eu fosse homossexual, por que me fez assim?
- Se Deus não quer que eu peque, por que Ele não impede?
- Se os cristãos são o povo de Deus, por que Ele não faz com que eles sejam mais amorosos?

A maioria dos cristãos acredita que a mão de Deus é forte e poderosa, e que não há outras influências na nossa vida — Ele é responsável pelo cuidado e guarda dos seus filhos adotivos. Então, o que devemos pensar quando as coisas dão errado? Quando o pior acontece? Quando o mal parece prevalecer?

Ao longo de minha caminhada com Deus, houve ocasiões em que tive de enfrentar algumas dessas perguntas. Embora nunca tenha tido problemas com homossexualismo, certamente tive uma série de dolorosos "incidentes" que me marcaram para sempre. E, como muitas outras pessoas que tiveram de se resignar com a injustiça, a deslealdade e o inesperado, tive de aceitar a soberania de Deus em momentos de grande aflição.

- Pouco depois de conseguir meu primeiro emprego, sofri uma acidente causado por um motorista descuidado, que bateu violentamente na traseira da minha *pick-up*. O patrão não se preocupou nem um pouco com os meus ferimentos e mandou-me voltar ao trabalho no campo com um traumatismo no pescoço, que nunca ficou totalmente curado e ainda me causa dores horríveis, quase cinqüenta anos depois.
- Assim que nosso primeiro filho nasceu, eu estava orando e agradecendo a Deus por ele ter nascido, aparentemente, saudável. Foi quando Deus me fez uma pergunta muito estranha: "Don, antes de seu filho nascer, você o dedicou a mim. Agora que ele nasceu, a quem pertence?". Então, eu entreguei Dean de volta a Deus e, naquele mesmo instante, ele morreu nos braços da enfermeira. Recebi a notícia através de uma ligação de um funcionário do hospital, dizendo: "Seu filho faleceu. O senhor precisa cuidar do sepultamento, e também tem de estar aqui amanhã cedo, para contar à sua mulher quando ela acordar".
- Quando eu tinha trinta e um anos, outro acidente estranho aconteceu. Um fardo de feno de 60 quilos me atingiu em cheio, sendo que o quadril e a região lombar sofreram o impacto maior. Não podendo ausentar-me de imediato, sob pena de perder o emprego, tive de voltar ao trabalho naquele mesmo dia, e só fui a um médico um mês depois, por causa das dores terríveis. A radiografia mostrou que a última vértebra estava partida ao meio, e diversos fragmentos de ossos tinham-se desprendido. O médico não mediu as palavras, dizendo que, se eu tropeçasse,

escorregasse ou caísse, passaria o resto da vida numa cadeira de rodas. A boa notícia era que eu ainda podia andar. A má notícia, no entanto, era que eu não tinha dinheiro nem plano de saúde, e precisava continuar ganhando o sustento da família. Depois de avaliar minha situação, o médico me aconselhou a "trincar os dentes" e suportar a dor. Ele explicou que, se me operasse, eu tinha 50% de chance de ficar pior do que estava.

- Como sou um fazendeiro preocupado com o meio ambiente, sempre usei fertilizantes orgânicos. Ao longo de vinte anos, e sem que eu tivesse a menor noção disso, estive em contato com um veneno mortal existente nesses fertilizantes. Este veneno ataca as terminações nervosas e provoca espasmos musculares contínuos. Felizmente, um médico especialista em toxinas interessou-se pelo meu caso e fez uma consulta a vários outros especialistas, tentando encontrar uma cura ou antídoto para o meu mal. Porém, a resposta foi negativa: não existe antídoto nenhum. O médico ainda me disse que seus colegas não conseguiam entender como eu ainda continuava vivo.
- Já tive várias crises terríveis de enxaqueca. Uma delas durou três meses, até que um especialista combinou cinco drogas diferentes e conseguiu acabar com a dor. Mais tarde, descobrimos que essas cinco drogas não podiam ser combinadas, porque causariam a morte do paciente. Durante todo este martírio, a pior dor veio das palavras de um amigo íntimo, que me disse: "Don, se você confessasse o pecado que há na sua vida, não teria esses problemas". Respondi que já havia confessado todos os pecados de que podia me lembrar. Na verdade, eu até inventara alguns que pareciam bem ruins, na esperança de que isso fizesse alguma diferença. Mas meu amigo insistiu: "Você deve estar escondendo alguma coisa, ou não teria todos esses problemas".

Além do pescoço machucado, das costas quebradas, e das dores de cabeça que não passavam, enfrentei sérios problemas financeiros. E, quando a dívida chegou a 25.000 dólares em um ano de atividade rural, eu fiquei realmente deprimido. O sofrimento e a dor de cabeça constantes estavam me vencendo. Como se não bastasse, fiz uns cálculos e cheguei à conclusão de que, dentro de um ano, eu, provavelmente, teria me tornado um "vegetal", sem poder ajudar em nada a minha família. Odeio admitir isso, mas a idéia de suicídio chegou a ocorrer-me.

Mais ou menos nesta época, Deus me revelou algo.

— Don, quando o desastre o atinge inesperadamente, você reage bem. Mas, agora, quando você sente que está morrendo aos poucos, o problema aparece. E o seu problema está em minhas mãos.

Minha resposta foi surpreendente até para mim mesmo. Eu disse:

— Tudo bem, Senhor. Se eu puder glorificar-te e com a minha vida honrar o teu nome, ainda que eu me torne um peso para a minha família, então eu não me oponho. Seja feita a tua vontade.

Daquele momento em diante, coisas extraordinárias começaram a acontecer. Em duas semanas, fomos procurados por dois fazendeiros interessados em comprar a nossa fazenda, que estávamos tentando vender há dez anos. Entrementes, comecei a tomar umas ervas chinesas que controlaram os efeitos do veneno. Também encontrei um quiroprático[2] que se interessou muito pelo meu caso e, depois de alguns anos, me colocou de pé novamente, andando num passo respeitável.

Esses acontecimentos me ensinaram três lições:

1. A vida nem sempre é fácil, nem é particularmente justa.
2. Deus tem o direito de fazer o que quiser conosco.
3. Jesus nos compreende e se identifica conosco.

O próprio Senhor Jesus experimentou a pior injustiça possível quando Pilatos disse: "Não acho nele crime algum... Crucificai-o" (Jo 19.4,6).

Quando Estêvão era apedrejado até a morte, conforme registrado em Atos 7.55,56, Jesus "estava à direita de Deus". Nas Escrituras, Jesus é sempre mostrado sentado à direita de Deus. Mas, nesta passagem, Ele está de pé, atento, durante o martírio de Estêvão, seriamente preocupado com o que estava acontecendo com seu servo fiel.

Jesus tentou nos dizer que, em certos momentos, o modo como Ele age pode nos parecer injusto. Podemos vê-Lo como o amigo em Lucas 11.5-9, que não proveu o pão de que o outro precisava. Ou podemos vê-Lo como o juiz de Lucas 18.1-8, que se recusou a proteger a viúva. Quando a situação torna-se realmente difícil, será que a nossa fé continua firme?

É loucura julgar a Deus pelo que ele faz ou deixa de fazer. Ele não se compraz de nos entristecer ou quando permite o nosso sofrimento. Isso está bem claro em Lamentações 3:

> As misericórdias do Senhor são a causa de não sermos consumidos; porque as suas misericórdias não têm fim. Novas são cada manhã; grande é a tua fidelidade (vv. 22,23).
>
> Pois, ainda que entristeça a alguém, usará de compaixão segundo a grandeza das suas misericórdias. Porque não aflige nem entristece de bom grado os filhos dos homens (vv. 32,33).
>
> Por causa dessa verdade, podemos nos submeter a Ele, e é nesta submissão que encontramos grande paz.

Entendendo a Natureza do Perdão

Quer o nosso conflito seja com Deus, com os outros ou com nossas próprias falhas, uma das dificuldades que muitos de nós temos com o perdão é o fato de que não entendemos bem o que significa. Charles Stanley define o perdão como "o ato de liberar alguém de uma obrigação resultante de algum mal feito contra você".[3] Isso significa que devemos levar o assunto a Deus e deixar que Ele cuide da questão. Durante esse processo, o resíduo emocional que ficou no nosso coração deve ser tratado com oração e com a entrega contínua de nossas ações a Deus.

Se você vai enterrar a machadinha, enterre-a com o cabo para baixo. — Ditado popular

Isso parece simples, mas nós ainda resistimos. Isso ocorre porque muitas das idéias que temos sobre o perdão estão baseadas em premissas falsas. A mais comum de todas é a frase: "Perdoe e esqueça". Na realidade, não há razão para supor que se possa esquecer o que nos fizeram, quer perdoemos ou não. Nem deveríamos esquecer. Isso poderia ser perigoso para nós, pois correríamos o risco de cair novamente no mesmo golpe de alguém que não se arrependeu. O esquecimento também poderia fazer com que esquecêssemos nossa participação negativa no incidente. Em resumo, se esquecemos, não aprendemos com nossos erros.

O que precisamos esquecer é a bagagem emocional que nossas mágoas causaram. Com a ajuda de Deus, quando oramos pelos nossos inimigos e desejamos o melhor para eles, seremos aliviados da raiva, da amargura, e da vergonha que as feridas do passado nos trouxeram. Quanto mais cedo pudermos "esquecer" de sentir essas coisas, melhor para nós.

Da mesma forma que perdoar não é esquecer, o perdão também não significa que passamos a confiar em quem nos fez mal. Algumas pessoas não são confiáveis. A confiança se conquista, não se exige, e nós precisamos desenvolver uma boa capacidade de julgar a confiabilidade dos nossos amigos, familiares e conhecidos. Por exemplo, se um membro de sua família molestou sua filha, depois se arrependeu e você o perdoou, isto não significa que você agora possa deixá-lo sozinho com sua filha. Seria um absurdo. O perdão simplesmente significa que você liberou a pessoa do pecado que ela cometeu, mas seria tolice e até perigoso confiar numa pessoa que não é digna de confiança.

Perdão não significa confiança, nem aprovação de um comportamento errado. Não abrimos mão de nosso senso de moral quando perdoamos alguém — perdoamos o pecado cometido e, ao fazê-lo, reconhecemos que foi errado. Se não fosse, não haveria o que perdoar. Não estamos dizendo "tudo certo", e sim "não está certo, mas eu o perdôo assim mesmo, e as conseqüências ficam a critério de Deus".

Algumas pessoas que enfrentam problemas nessa área têm uma dificuldade especial com a idéia de se reconciliar com a pessoa que lhes fez mal. Elas são impedidas por sentimentos incômodos, quebra da confiança e, às vezes, chegam a temer pela própria vida. Na verdade, perdoar é um mandamento, enquanto a reconciliação pode não ser necessariamente uma boa idéia em todos os casos.

Há situações em que não seria prudente de nossa parte reconstruir um relacionamento com um indivíduo mal e destrutivo. E há outras ocasiões em que tentamos obter a reconciliação, mas a outra pessoa não quer. Para que haja reconciliação, os dois lados têm de querer.

O perdão não garante nem requer a reconciliação.

Perdão não significa "Não foi nada".
Perdão não significa "Vou superar isso com o tempo"
Perdão não significa "Não haverá punição". — Charles Stanley[4]

Perguntas sobre o Perdão

Seja você quem for, e seja qual for a sua idéia a respeito da prevenção do homossexualismo através do apoio carinhoso, reafirmação da identidade sexual, e aconselhamento cristão, uma coisa é certa: você deseja ter paz de espírito, e isso tem muito a ver com perdão. Mais uma vez, a culpa, a amargura e o ódio não resolvido bloqueiam o caminho para a paz de espírito. Neste mesmo instante, você deve estar se perguntando:

- Será que há alguma esperança para mim, que sou culpado de ________________?
- Será possível ter paz interior depois que eu ________________?
- Depois do que ________________ me fez quando ________________, será que devo perdoá-lo(a)?
- Será que eu posso, realmente, ser liberto do meu passado, quando ________________?
- As feridas causadas por ________________ podem ser curadas?
- Será que, algum dia, o sentimento de culpa por não ter ajudado ________________ vai deixar de me perseguir?
- Será que Deus pode me perdoar, depois de eu ter ________________?

A experiência tem me mostrado que a última pergunta é a mais freqüente entre as pessoas com mágoas ocultas. Quando me fazem essa pergunta, eu respondo com outra, mesmo não sabendo o que a pessoa fez de "errado": "*Será que o que você fez é pior do que fazer sexo com a mulher de outro homem e, depois, mandá-lo para a morte, premeditadamente?"*. Até hoje, ninguém confessou ter feito coisa pior que isso.

Sabemos qual foi a reação de Deus diante desses pecados, cometidos pelo rei Davi. O interessante é que, apesar de sua história estarrecedora, Deus se refere a "Davi... varão conforme o meu coração, que executará toda a minha vontade. Porque... Davi, no seu tempo,... [serviu] conforme a vontade de Deus" (At 13.22,36).

Como Deus tratou a questão do pecado de Davi? Deus o perdoou e o restaurou, depois de Davi ter-se arrependido. Mas Ele permitiu que Davi sofresse as conseqüências de seus atos, que não foram fáceis de suportar. Davi foi restaurado e poderosamente usado, apesar dos erros que havia cometido. De fato, Jesus nasceu na linhagem de Davi, através de Salomão, o segundo filho de Bate-Seba, a mulher com quem Davi tinha cometido adultério (Mt 1.6).

É claro que para receber o perdão de Deus, Davi teve de buscá-lo. Felizmente, ainda temos o texto original da sua oração de confissão e arrependimento, que está registrada no Salmo 51. Davi começa dizendo:

> Porque eu conheço as minhas transgressões,
> E o meu pecado está sempre diante de mim.
> Contra ti, contra ti somente pequei,
> E fiz o que a teus olhos é mal,
> Para que sejas justificado quando falares
> E puro quando julgares.

Será que a Igreja é, realmente, uma comunidade onde existe aceitação e perdão? Uma comunidade de pessoas perdoadas e perdoadoras? Na prática, quando alguém revela seu homossexualismo, as reações são geralmente negativas e hostis, ainda que a pessoa em questão não seja um homossexual praticante... a Igreja como um todo precisa de ajuda para rever suas atitudes. — Elizabeth Moberly[5]

Em Busca da Paz de Espírito

Deus está disposto e pronto a perdoar os piores pecados possíveis e imagináveis, e Ele tem todo o poder para fazê-lo. Ele pode lidar com qualquer pecado que tenhamos cometido e quer nos ajudar a enfrentar as lembranças e conseqüências do passado. Deus nos convida a aceitar o seu perdão, em vez de ficarmos nos martirizando com o sentimento de culpa, ou tentando nos punir pelo que fizemos, ou passando a vida inteira com medo do castigo. "Se confessarmos os nossos pecados, ele é fiel e justo para nos perdoar os pecados e nos purificar de toda injustiça" (1 Jo 1.9). Isso significa que a obra já foi feita, está completa, só nos resta recebê-la.

O pecado causa um sofrimento terrível, e o pecado que mais fez você sofrer pode não ter sido culpa sua. Talvez outra pessoa tenha errado muito com você. Será que você é o algoz ou a vítima? Se você, leitor, é como a maioria dos seres humanos, já esteve nestas duas posições. Deste modo, será que alguma das afirmações abaixo se aplica a você?

- Minha vida foi arruinada por causa da dominação e controle do meu pai, ou mãe.
- Já fui violentado(a), ou sofri constantes agressões verbais ou físicas.
- Sou viciado(a) em sexo, pornografia, álcool ou drogas.
- Sou pedófilo(a).
- Já violentei, ou agredi verbal ou fisicamente a alguém.
- Tenho negligenciado ou recusado meu apoio aos meus filhos.
- Meu filho, ou filha, tornou-se homossexual.
- Cometi adultério.
- Sou rejeitado por causa da minha aparência e/ou comportamento.
- Estou envolvido(a) no homossexualismo.

Se alguma dessas declarações se aplica a você, leitor, talvez seja necessário resolver problemas relacionados com perdão. Espero que você tenha levado a sério os importantes princípios da Palavra de Deus que procurei resumir neste capítulo. Quando perdoamos, abrimos caminho para que a paz de espírito reine na nossa vida — a paz prometida a todos os que confiam em Deus. Vamos nos lembrar de algumas das mais maravilhosas palavras de Jesus:

> Vinde a mim, todos os que estais cansados e oprimidos, e eu vos aliviarei. Tomai sobre vós o meu jugo, e aprendei de mim, que sou manso e humilde de coração, e encontrareis descanso para a vossa alma. Porque o meu jugo é suave, e o meu fardo é leve (Mt 11.28-30).

> Deixo-vos a paz, a minha paz vos dou; não vo-la dou como o mundo a dá. Não se turbe o vosso coração, nem se atemorize (Jo 14.27).

> Tenho-vos dito isso, para que em mim tenhais paz; no mundo tereis aflições, mas tende bom ânimo; eu venci o mundo (Jo 16.33).

> Nas cartas que o apóstolo Paulo escreveu às igrejas, o Espírito Santo nos fala ainda mais sobre a paz de espírito:

> Sendo, pois, justificados pela fé, temos paz com Deus por nosso Senhor Jesus Cristo (Rm 5.1).

> E a paz de Deus, que excede todo o entendimento, guardará os vossos corações e os vossos sentimentos em Cristo Jesus (Fp 4.7).

> E a paz de Deus, para a qual também fostes chamados em um corpo, domine em vossos corações; e sede agradecidos (Cl 3.15).

> Ora, o mesmo Senhor da paz vos dê sempre paz de toda maneira. O Senhor seja com todos vós (2 Ts 3.16).

Quando recebemos perdão e somos purificados por Jesus Cristo (1 Jo 1.9), estamos em condições de ter paz com Deus, com os outros e com nós mesmos. E como recebemos os instrumentos para perdoar e a ordem de fazê-lo, somos também libertos de toda perturbação interior causada pela ira, amargura ou despeito. A paz é a nossa herança como filhos de Deus. A paz é um dos frutos que nossa vida produz quando o Espírito de Deus habita em nós. E Jesus Cristo, o Príncipe da Paz, quer governar a nossa mente e o nosso coração.

Você, leitor, está disposto a deixar que Ele faça isso?

E se o meu povo, que se chama pelo meu nome, se humilhar, e orar, e buscar a minha face, e se converter dos seus maus caminhos, então, eu ouvirei dos céus, e perdoarei os seus pecados, e sararei a sua terra (2 Cr 7.14).

Apêndice A

Perguntas que os Adolescentes Fazem

P.: Como é que descubro se sou *gay* ou não?

R.: Você não é. Não há nenhuma evidência confiável de que se possa nascer *gay*, e a Bíblia nos diz que Deus não quer que as pessoas tenham comportamento homossexual. É óbvio que Ele não diria que alguma coisa é errada se tivesse criado pessoas que são assim por natureza.

Você pode estar achando que é *gay* porque se sente atraído pelo estilo de vida deles, por determinadas coisas que lhe aconteceram, como, por exemplo, envolvimento emocional, ou até participação num ato sexual com alguém do mesmo sexo. Talvez você tenha sido sexualmente molestado quando criança e, por causa dos sentimentos complicados que isso envolve, você supõe que é homossexual. Você pode achar que é homossexual porque alguém lhe disse isso, ou porque outros jovens o provocam, chamando-o de "*gay*", "bicha" ou "sapatão".

Nada disso é sinal de que você seja homossexual, porque o homossexualismo é uma opção que as pessoas fazem. Entretanto, pode ser que você tenha dúvidas a respeito do verdadeiro gênero que Deus lhe deu. Se for este o caso, converse com um adulto de sua confiança.

P.: O homossexualismo não é apenas um estilo de vida alternativo?

R.: Sim, o homossexualismo é uma alternativa, como qualquer

outro pecado que se decide cometer. Você pode adotar um estilo de vida sem a direção de Deus, ainda que não seja homossexual. Porém, da mesma forma, terá de prestar contas a Ele por sua escolha. No caso do homossexualismo, além das conseqüências espirituais, existem ainda muitos perigos a que estão sujeitos aqueles que adotam este estilo de vida. As doenças sexualmente transmissíveis, principalmente a AIDS, cada vez mais se propagam entre os homossexuais, sobretudo, devido a inconstância de suas relações com um só parceiro. A violência também é comum entre os parceiros homossexuais, o que leva a altos índices de homicídios entre *gays* e lésbicas. Os problemas emocionais são muito comuns: o medo e a ansiedade são agravados pelas complicações dos relacionamentos homossexuais. Além disso, a depressão causada pela solidão e o sentimento de rejeição contribui para um índice de suicídios muito mais alto entre os homossexuais. Muitos homossexuais se sentem separados de Deus por causa do comportamento que escolheram e ficam acorrentados pela mentira de que "nasceram *gays*" ou de que seus pecados são "imperdoáveis". O homossexualismo pode ser uma opção de vida, mas não é uma boa opção.

P.: Um homossexual pode mudar?

R.: A resposta é sim, embora a mudança não seja sempre fácil. Quanto mais tempo uma pessoa fica envolvida no homossexualismo, e quanto mais convencida ela estiver de que "nasceu assim", mais difícil é a mudança. As transformações mais bem-sucedidas ocorrem entre aqueles que desejam muito viver uma vida "normal", casar e constituir família. É importante saber que milhares de homens e mulheres deixaram o homossexualismo com a ajuda de Deus, mas, para que a mudança ocorra, são necessários quatro elementos: determinação, aconselhamento com sabedoria, ligação com um grupo de bons amigos e um profundo relacionamento com Deus.

P.: Jesus disse que o homossexualismo é errado?

R.: Em Mateus 19.4-6, Jesus falou claramente sobre o casamento entre homens e mulheres: "Ele, porém, respondendo, disse-lhes: Não tendes lido que, no princípio, o Criador os fez macho e fêmea e disse: Portanto, deixará o homem pai e mãe e se unirá à sua mulher, e serão dois numa só carne? Assim, não são mais dois, mas uma só carne. Portanto, o que Deus ajuntou não separe o homem".

Os evangelhos não citam Jesus falando especificamente sobre homossexualismo. Contudo, tanto no Antigo quanto no Novo Testamento, o comportamento homossexual é descrito como inaceitável para Deus. Há muitos assuntos dos quais Jesus não falou expressamente, mas que são tratados com clareza na Bíblia. Leia Levítico 18.22; 20.13 e Romanos 1. É claro que devemos sempre nos lembrar de que a Bíblia condena muitos pecados diferentes e sempre mostra que Deus perdoa os que se arrependem.

P.: Existe um garoto *gay* na minha escola e eu não quero ser visto com ele, porque os colegas vão pensar que eu também sou *gay*. O que devo fazer?

R.: Em primeiro lugar, só porque todos dizem que um garoto é *gay* não quer dizer que ele seja. E mesmo aqueles que afirmam ter uma orientação homossexual, provavelmente nunca tiveram de fato qualquer experiência. Adolescentes vulneráveis caem nestas armadilhas e, se nós não os tratarmos com amizade, podemos, sem querer, estar aumentando a probabilidade de que eles acabem se envolvendo realmente no homossexualismo.

Num grupo social sempre há pessoas que são marginalizadas, mas os cristãos são particularmente conhecidos por serem pessoas amáveis e generosas. Muitas vezes, é a falta de aceitação social que leva um jovem ao homossexualismo, por se sentir perdido e sozinho. Quando se compreende que ninguém nasce *gay*, não há por que sentir-se ameaçado pelas opções erradas que os outros fazem. Da mesma forma, não existe razão para guardar em seu coração qualquer temor de também ter nascido assim.

P.: Dizer que o homossexualismo é errado não é homofobia?

R.: Existe um princípio importante que devemos seguir quando lidamos com as pessoas: Amar o pecador e odiar o pecado. As pessoas que têm um medo anormal dos homossexuais não amam o seu próximo. Elas zombam deles, evitam a sua presença e, às vezes, até os agridem. Esse tipo de comportamento é chamado de homofobia, e é um pecado tão evidente quanto o próprio homossexualismo.

O amor cristão deve ser estendido a todas as pessoas, em todas as circunstâncias. Isto não significa que devemos compactuar com suas atitudes, e nem participar de suas ações ou fingir que são corretas. Significa, isto sim, que devemos ser gentis com elas e transmitir-lhes o amor de Deus, levando até elas a mensagem do Evangelho.

P.: Se eu tratar bem alguém que pensa que é *gay*, será que ele vai tentar me cantar? Que é que eu faço se ele tentar?

R.: Veja a coisa desta maneira: se você conhece alguém do sexo oposto com quem gostaria de sair, você não trata esta pessoa de modo diferente? A maioria dos jovens reconhece a diferença entre amizade e flerte. Ser gentil com alguém não fará com que a pessoa pense que você está interessado num relacionamento romântico ou sexual.

Entretanto, se você descobrir que alguém do mesmo sexo demonstra uma ligação emocional com você, nada de pânico! Isso não significa que você seja homossexual ou bissexual, mas é preciso deixar claro para a pessoa que você não corresponde aos seus sentimentos e quer apenas ser seu amigo, nada mais. Às vezes, isso também acontece com pessoas do sexo oposto, e se não estamos interessados num relacionamento além da amizade, é preciso deixar isso bem claro. Elas podem sentir-se magoadas na hora, mas estaremos evitando transtornos muito maiores.

Se alguém do mesmo sexo demonstra uma atração deste tipo, é importante contar o fato a um adulto em quem você confie, pois, assim, a outra pessoa pode receber ajuda o mais rápido possível.

P.: Minha escola apresentou um vídeo sobre homossexualismo em que tudo parecia normal e sadio. E agora?

R.: É verdade que há material educacional circulando nas escolas que faz uma declarada propaganda do homossexualismo. Algumas escolas também estão distribuindo preservativos aos alunos, juntamente com material impresso que diz que você pode fazer sexo de qualquer tipo, desde que esteja protegido. Como nós, cristãos, muitos membros de outras religiões também crêem que Deus criou o sexo com propósitos e regras específicas, adotando assim uma posição moral bem mais conservadora do que as pessoas que não têm fé. Ainda que por uma exigência legal as escolas tenham de ser absolutamente seculares, oferecendo alternativas morais que discordam da nossa fé, isso não quer dizer que precisamos segui-las.

Apêndice B

Leituras Complementares Recomendadas

ALLENDER e LONGMAN. Bold Love (Amor Ousado). Colorado Springs: NavPress, 1992.

Os capítulos incluem: Conheça a Diferença entre Amar uma Pessoa Má, um Tolo e um Pecador Normal; O que significa "Honrar" um Pai ou uma Mãe Perversa; Por que a Raiva Geralmente Sobrevive ao Perdão?; Como Amar uma Pessoa que Pratica Maus-Tratos, sem se Expor a Maiores Riscos.

ARTERBURN, Steve e BURNS, Jim. Drug-Proof Your Kids (Proteja seus Filhos das Drogas). Colorado Springs: Focus, 1989.

CLOUD, Henry e TOWNSEND, John. The Mom-Factor (O Fator Mãe). Grand Rapids: Zondervan, 1996.

DALLAS, Joe. A Strong Delusion: Confronting the "Gay Christian" Movement (Um Grande Engano: Confrontando o Movimento "Gay Cristão"). Eugene, Ore.: Harvest House, 1996.

DAVIES, Lori e RENTZELD, R. Deixando o Homossexualismo (Tradução de Coming Out of Homosexuality). São Paulo: Mundo Cristão: 1997.

DOBSON, James. O Amor Tem que Ser Firme (Tradução de Love Must Be Tough). São Paulo: Mundo Cristão, 1996.

HARVEY, John F. (Médico de bordo da Marinha Mercante). The Truth About Homosexuality: The Cry of the Faithful (A Verdade sobre o Homossexualismo: O Grito dos Fiéis). San Francisco: Ignatius, 1996.

LAHAYE, Tim e PHILLIPS. Anger is a Choice (Raiva É uma Escolha). Grand Rapids: Zondervan, 1982.

LEWIS, C. S. Cristianismo Puro e Simples (Tradução de Mere Christianity). São Paulo: ABU, 5a. ed. 1997.

MAWYER, Martin. Silent Shame (Vergonha Silenciosa). Westchester, Ill.: Crossway Books, 1987.

O alarmante crescimento do abuso sexual de crianças e como proteger seus filhos desse crime.

NICOLOSI, Joseph. Reparative Therapy of Male Homosexuals (Terapia Reparadora do Homossexualismo Masculino). Northvale, N.J.: Jason Aronson, 1991.

OLSON, Joe. When Passions are Confused: Understanding Homosexuality (Quando as Paixões se Confundem: Compreendendo o Homossexualismo) (Livreto). Grand Rapids: Radio Bible Class Ministries.

Este livreto pode ser adequado para alguns jovens, mas deve, primeiramente, ser examinado pela liderança.

REKERS, George A. Handbook of Child and Adolescent Sexual Problems (Manual dos Problemas Sexuais da Criança e do Adolescente). Nova York: Lexington Books, 1995.

RENTZEL, Lori. Emotional Dependency (Dependência Emocional) (Livreto). Downers Grove, Ill.: InterVarsity Press, 1990.

SATINOVER, Jeffrey. Homosexuality and the Politics os Truth (O Homossexualismo e a Política da Verdade). Grand Rapids: Baker Books, 1996.

SCHMIDT, Thomas E. Straight & Narrow? Compassion and Clarity in the Homosexuality Debate (Direita e Estreita? Compaixão e Clareza no Debate sobre o Homossexualismo). Downers Grove, Ill.: InterVarsity Press, 1995.

SNIDER, Ron. Genuine Christianity (Cristianismo Genuíno). Grand Rapids: Zondervan, 1996.

SOCARIDES, Charles W. Homosexuality: A Freedom Too Far (Homossexualismo: Uma Distante Liberdade). Phoenix: Adam Margrave Books, 1995.

STEWART, V. Mary. Sexual Freedom (Liberdade Sexual) (Livreto). Downers Grove, Ill.: InterVarsity Press, 1974.

STOTT, John. Basic Christianity (Cristianismo Básico). Downers Grove, Ill.: InterVarsity Press, 1971.

WILSON, Bill. Whose Child is This? (De quem É essa Criança?) Lake Mary, Florida: Creation House, 1992.

WOODING, Dan. He Intends Victory (Seu Propósito É a Vitória). Irvine, CA: Promise Publishing, 1994.

WORTHEN e DAVIES. Someone I Love Is Gay (Uma Pessoa que Eu Amo É Gay). Downers Grove, Ill.: InterVarsity Press, 1996.

YANCEY, Philip. Decepcionado com Deus: Três Perguntas que Ninguém Ousa Fazer (Tradução de Disappointment with God). São Paulo: Mundo Cristão, 1997.

Notas

Introdução

[1] Oswald Chambers (1847-1917) nasceu na Escócia, mas seu ministério de ensino e pregação o levou aos Estados Unidos e ao Japão. Nos últimos anos de sua vida, foi diretor do Bible Training College, em Londres, e serviu como capelão das tropas britânicas no Egito, durante a I Guerra Mundial. Os livros publicados em seu nome foram compilados a partir das notas tomadas por sua esposa durante suas pregações. (N. da T.)

Capítulo 1

[1] Gershen Kaufman, *Coming Out of Shame: Transforming Gay and Lesbian Lives* (Nova York: Doubleday, 1996), p. 87.
[2] Veja Andrew Sullivan, *Virtually Normal* (Nova York: Alfred A. Knopf, 1995), p. 199.
[3] Veja George A. Rekers, *The Formation of a Homosexual Orientation* (Nova York: Lexington Books, 1995), p. 21.
[4] George A. Rekers, *Handbook of Child and Adolescent Sexual Problems* (Nova York: Lexington Books, 1995), pp. 303,304.
[5] Veja John Douglas, *Journey into Darkness* (Nova York: Scribner, 1997), pp. 363,370,371.
[6] William Stekel, *Bi-sexual Love* (Brooklyn, N.Y.: Physicians and Surgeons Book Co., 1993), p. 30.
[7] Jeffrey Satinover, *Homosexuality and the Politics of Truth* (Grand Rapids: Hamewith Books, 1996), pp. 32-34.
[8] Veja Elizabeth R. Moberly, *Homosexuality: A New Christian Ethic* (Greenwood: Attic Press, 1982); George Rekers, "Sexual Problems", em *Handbook of Treatment of Mental Disorders in Childhood and Adolescence*, ed. B. B. Wolman (Englewood Cliffs, N.J.: Prentice-Hall, 1978), pp. 268-296.

Capítulo 2

[1] *Home run* — É a rebatida de grande potência que ultrapassa o limite do campo de beisebol. O rebatedor conquista o direito de completar a carreira sem o risco de ser eliminado; é a jogada máxima de um atacante. (N. da T.)
[2] Ellen Farmer e Deborah Abbott, *From Wedded Wife to Lesbian Life: Stories of Transformation* (1995), p. 147.

[3] Citado em Thomas E. Schmidt, *Straight & Narrow?* (Downers Grove, Ill.: InterVarsity Press, 1995), p. 49.
[4] Veja David Wilkerson, "Homosexuality Begins at Home", em *The Marriage Affair*, ed. J. Allan Petersen (Wheaton, Ill.: Tyndale House, 1977), pp. 253-259.
[5] James Dobson, *Ask Dr. Dobson* (Colorado Springs: Focus On the Family, 1998).
[6] Veja Peter e Barbara Wyden, *Growing Up Straight* (Nova York: Signet, 1968), especialmente: Capítulo 3, "How Mothers Raise Homosexual Sons"; Capítulo 4, "How Fathers Raise Homosexual Sons"; Capítulo 5, "How Parents Raise Homosexual Daughters"; e Capítulo 6, "How the Atmosphere in the Home Can Encourage Homosexuality".
[7] O autor se refere aqui à legislação dos EUA, que difere de um estado para outro. (N. da T.)
[8] Jim Burns, *The Youth Builder* (Eugene, Ore.: Harvest House, 1988), pp. 273,274.
[9] Lela Gilbert, escritos pessoais.

Capítulo 3

[1] Veja Chandler Burr, *A Separate Creation: The Search for the Biological Origins of Sexual Orientation* (Nova York: Hyperion, 1996), p. 47.
[2] John F. Harvey, *The Truth About Homosexuality* (San Francisco: Ignatius, 1995), p. 50.
[3] Temos apenas um esboço destes estudos. Se o leitor estiver interessado em mais detalhes, há vários livros que apresentam uma análise mais profunda do assunto. John F. Harvey, *The Truth About Homosexuality* (San Francisco: Ignatius, 1995) é um deles; veja, também, Thomas E. Schmidt, *Straight & Narrow?* (Downers Grove, Ill.: InterVarsity Press, 1995); e Jeffrey Satinover, *Homosexuality and the Politics of Truth* (Grand Rapids: Hamewith Books, 1996).
[4] Thomas E. Schmidt, *Straight & Narrow?* (Downers Grove, Ill.: InterVarsity Press, 1995), p. 137.
[5] David Link, "Gay Culture, Gay Identity", em *Beyond Queer* (Nova York: Free Press, 1996), p. 148; veja, também, Andrew Sullivan, "Gays and the Right", pp. 65-69.
[6] Veja Harvey, *The Truth About Homosexuality*, p. 47.
[7] "Fluid Sexuality", *The Advocate*, 11 de julho de 1997, p. 6.
[8] Veja Satinover, *Homosexuality*, p. 94.

[9] Dra. Judith A. Reisman e Edward W. Eichel, *Kinsey, Sex and Fraud, The Indoctrination of a People* (Lafayette, La.: Huntington House, 1990). Veja, também, James H. Jones, "Annals of Sexology: Dr. Yes", *The New Yorker*, 25 de agosto — 1 de setembro de 1997, pp. 98-113.
[10] "A porcentagem de homossexuais em todas as sociedades parece ser a mesma e permanecer estável no decurso do tempo. Em todas as partes do mundo, as populações homossexuais parecem não perfazer mais do que 5% da população total". Burr, *A Separate Creation*, p. 118.
[11] Ashley Mac Isaac, "Sex and Violins", *The Advocate*, 10 de dezembro de 1996.
[12] Judith Halberstam e Ira Livingston, eds., "Posthuman Bodies", *The Advocate*, julho de 1997, pp. 135-147.
[13] Charles Socarides, "Exploding the Myth of Constitutional Homosexuality", *NARTH Bulletin* (setembro de 1995), pp. 17,18.
[14] Schmidt, *Straight & Narrow?*, p. 172.

Capítulo 4

[1] Joe Dallas, *A Strong Delusion: Confronting the "Gay Christian" Movement* (Eugene, Ore.: Harvest House, 1996).
[2] Peter J. Gomes, *The Good Book* (Nova York: William Morrow & Co., 1996), p. 158.
[3] Igreja Episcopal de S. Tiago, 15 de novembro de 1997. Joe Dallas e Dawn Vukich contaram várias dessas histórias. Uma delas, envolvia o suicídio de uma lésbica, que ocorreu depois de sucessivas tentativas de fazer amigos num grupo de jovens cristãos. Outra história falava de um homem que estava em luta com sentimentos homossexuais e que deu um tiro no próprio órgão genital depois de ouvir o seguinte: "Você só poderá fazer parte desta igreja depois que me provar que tomou a decisão de abandonar seus desejos homossexuais de uma vez por todas".
[4] Mateus 19.14.
[5] Lucas 7.39-50.

Capítulo 5

[1] Bud Searcy, "Teens and Homosexuality: A Critical Time for Intervention", The Best of Exodus, Adolescent Issues #ADOL-001. New Creation Ministries, Fresno, CA.
[2] G. Herdt e A. Boxer, *Children of Horizons* (Beacon Press: Boston, 1993).

[3] Marshall Kirk e Hunter Madsen, *After the Ball: How America Will Conquer Its Fear and Hatred of Gays in the '90s* 1a. ed. (Nova York: Doubleday, 1989), p. 259.
[4] P. Rosenberger, "Psychopathology in HIV Infection: Lifetime of a Current Assessment", *Comprehensive Psychiatry Journal* 34 (1993): pp. 153,154.
[5] C. S. Lewis, "Drinking Patterns in Homosexual and Heterosexual Women", *Journal of Clinical Psychiatry* 43 (1982): pp. 277-279.
[6] "Health Care Needs of Gay Men and Lesbians", *Journal of the American Medical Association* 275, nº. 17 (1 de maio de 1996): p. 1357.
[7] "Facts from PFLAG", citado em *The Book: The Parent Handbook for What Matters* (San Ramon: CASA, 1997), p. 46.
[8] Ib.
[9] Gabriel Rotello, *Sexual Ecology, AIDS and the Destiny of Gay Men* (Nova York: Dutton, 1997), p. 286.
[10] "HIV/AIDS Surveillance Report", Departamento de Saúde e Serviços Sociais dos Estados Unidos, Centro de Controle e Prevenção de Doenças, última edição, 1995, vol. 7, nº. 2, p.10.
[11] Mattew Frawley, "An Appeal to General Revelation in the Homosexuality Debate", *Princeton Theological Review* (outubro de 1996): p. 16.
[12] Sheryl Gay Stolbert, "Promiscuity and AIDS: Gays Argue Coexistence", *New York Times*, 23 de novembro de 1997.
[13] Ib.
[14] Gabriel Rotello, *The Advocate*, 10 de fevereiro de 1996.
[15] "Health Care Needs of Gay Men and Lesbians", *Journal of the American Medical Association*, vol. 275, nº. 17 (1 de maio de 1996): pp. 1355,1356.
[16] A. Silvestre, "Changes in HIV Rates and Sexual Behavior Among Homosexual Men 1984-1992", *American Journal of Public Health* 83 (1993): pp. 578-580.
[17] Ib.
[18] Entrevista com o autor, outubro de 1997.
[19] Lucas 15.17,20-31.

Capítulo 6

[1] Dr. Christl R. Vonholdt, ed., *Striving for Gender Identity: Homosexuality and Christian Counseling* (Reichelsheim: German Institute for Youth and Society, 1996), p. 118.

[2] Elizabeth R. Moberly, "New Perspectives on Homosexuality", *Journal of the Royal Society of Health* (dezembro de 1985): p. 206.
[3] Jay Kesler, *Being Holy, Being Human* (Waco: Word, 1988), pp. 80,81.
[4] Peter e Barbara Wyden, *Growing Up Straight* (Nova York: Signet Books, 1969), p. 50.
[5] Elizabeth R. Moberly, *Homosexuality: A New Christian Ethic* (Cambridge: James Clarke & Co., 1983), p. 2.
[6] Ram Dass, "Life Beyond Labels", em *Gay Soul: Finding the Heart of Gay Spirit and Nature* (San Francisco: Harper, 1994), p. 157.

Capítulo 7

[1] Citado em Peterson, *Marriage Affair* (Wheaton, Ill.: Tyndale House, 1971), p. 258.
[2] Peter e Barbara Wyden, *Growing Up Straight* (Nova York: Signet Books, 1969), p. 39.
[3] George A. Rekers, *Journal of Human Sexuality*, no artigo "Gender Identity Disorder" (Carrollton, TX: Lewis and Stanely, 1996), p. 14.
[4] Ib.
[5] Dr. Christl R. Vonholdt, ed., *Striving for Gender Identity: Homosexuality and Christian Counseling* (Reichelsheim: German Institute for Youth and Society, 1996), p. 91.
[6] Irving Bieber, *Homosexuality, a Psychoanalytic Study* (Nova York: Society of Medical Psychoanalysts, 1962), p. 172.
[7] O *The Navigators* é um ministério dedicado a alcançar pessoas no meio militar e universitário nos Estados Unidos. (N. do E.)
[8] John Wayne (1907-1979) foi um ator do cinema americano que se notabilizou em papéis de homens valentões e rudes, geralmente em *westerns* ou filmes de guerra. (N. da T.)
[9] Oswald Chambers, *Daily Thoughts for Disciples* (Grand Rapids: Discovery House, 1994), 10 de janeiro.

Capítulo 8

[1] Gerard Van Den Aardweg, *The Battle for Normality* (San Francisco: Ignatius Press, 1997), pp. 41,42.
[2] Paul Fishbein, "Adult Video News", *Culture Watch*, janeiro de 1998, p. 1.
[3] Veja Brandon Taylor, *Avant'Garde and After: Rethinking Art*

Now (London: Harry N. Abrams, Inc., 1995), pp. 143-165.
[4] Terry Teachout, *Wall Street Journal*, 27 de março de 1998.
[5] Marshall Kirk e Hunter Madsen, *After the Ball: How America Will Conquer Its Fear and Hatred of Gays in the '90s* 2a. ed. (Nova York: Plume, 1990), p. 179.
[6] Joseph Nicolosi, *Reparative Therapy of Male Homosexuality, A New Clinical Approach* (Northvale, N.J.: Jason Aronson, Inc., 1991), pp. 82,83.
[7] George A. Rekers, *Handbook of Child and Adolescent Sexual Problems* (Nova York: Lexington Books, 1995), pp. 303,304.
[8] George Barna, *Generation Next* (Ventura: Regal Books, 1995), pp. 31,48.
[9] Jerry Arterburn, *How Will I Tell My Mother?* (Nashville: Thomas Nelson, 1988), p. 72.
[10] Rekers, pp. 101-131.
[11] Oswald Chambers, *My Utmost for His Highest* (Nova York: Dodd, Mead & Co., 1935), p. 24.
[12] Tony Evans, *America's Only Hope* (Chicago: Moody Press, 1990), pp. 37-43.
[13] Bruce Bawer, *A Place at the Table: The Gay Individual in American Society* (Nova York: Poseidon Press, 1993), p. 127.
[14] Existe, porém, uma grande controvérsia quanto ao número exato das filhas de Ló. Alguns acreditam que as filhas mencionadas em Gênesis 19.14 já estavam casadas, e não são as mesmas do versículo 16. (N. do E.)
[15] Kirk/Madsen, *After the Ball*, p. 178.
[16] Elizabeth R. Moberly, "First Aid in Pastoral Care", *The Expository Times*, junho de 1985, p. 265.

Capítulo 9

[1] Charles Stanley, *Experiencing Forgiveness* (Nashville: Thomas Nelson, 1996), pp. 56,57.
[2] Médico especializado em quiroprática (Sistema de tratamento médico para diversas moléstias, no qual se emprega a manipulação e ajustagens específicas das estruturas do corpo, especialmente a coluna vertebral. (N. do E.)
[3] Ib., p. viii.
[4] Ib., p. viii.
[5] Elizabeth R. Moberly, "First Aid in Pastoral Care", *The Expository Times*, junho de 1985, p. 264.